体育运动营养研究与探索

刘宪哲 著

河北大学出版社
HEBEI UNIVERSITY PRESS
·保 定·

出 版 人:刘相美
责任编辑:李丽华
装帧设计:张彦琪
责任校对:陈浩苏
责任印制:常　凯

图书在版编目(CIP)数据

体育运动营养研究与探索/刘宪哲著.--保定：河北大学出版社,2025.2.--ISBN 978-7-5666-2582-3

Ⅰ.G804.32

中国国家版本馆 CIP 数据核字第 2025US1864 号

出版发行:河北大学出版社
地址:河北省保定市七一东路 2666 号　邮编:071000
电话:0312－5073019　0312－5073029
邮箱:hbdxcbs818@163.com　网址:www.hbdxcbs.com
经　　销:全国新华书店
印　　刷:河北纪元数字印刷有限公司
幅面尺寸:787mm×1092mm　1/16
印　　张:11.75
字　　数:162 千字
版　　次:2025 年 6 月第 1 版
印　　次:2025 年 6 月第 1 次印刷
书　　号:ISBN 978-7-5666-2582-3
定　　价:50.00 元

如发现印装质量问题,影响阅读,请与本社联系。
电话:0312－5073023

前言

运动营养学(sports nutrition)是营养学(nutrition)的一个分支,是研究营养与竞技体育和大众健身关系的一门学科。运动营养学为竞技体育和全民健康服务,是目前发展极为迅速、实践需求非常高的学科之一。

竞技体育具有无限魅力,其以更高、更快、更强和更团结为宗旨,不断挖掘身体潜能,挑战运动极限,因此需要以科学的训练和良好的营养手段作为基础。没有充足合理的营养支持,竞技体育就无法突破人体极限,取得优异成绩。尤其是精英运动员之间的水平相差无几,训练之外的因素将助运动员一臂之力。并且随着人们生活水平的提高和对健康认识的加深,积极参与健身运动已经成为大多数人的选择,但人们在进行健身锻炼的同时缺乏科学的营养指导,需要了解合理补充营养的方式。运动和营养结合能使人体的生理功能保持在最佳状态,增强机体免疫力和抗病能力,保持身体健康,促进生长发育。党的二十大报告对推进"健康中国"建设作出重要部署,强调要"把保障人民健康放在优先发展的战略位置"。运动和营养作为促进健康的两大重要手段,更需要得到广大民众的关注。

本书可供对运动营养学感兴趣的本科生、研究生及相关专业人士学习或参考。由于撰写时间有限,书中若存在不足,敬请读者在使用过程中不吝指出,在此表示感谢!

目录

第一章 体育运动营养学基础理论

第一节 运动与营养素

"营"就是谋求,"养"就是养生、养身,因此"营养"就是谋求养生(身)的意识。而营养素是指维持人体正常生长发育和生存的物质,包括碳水化合物(糖)、脂肪、蛋白质、无机盐、维生素、水及膳食纤维。每种成分在食物中都起着重要的作用,人们的健康取决于每种成分的合理摄入量及各种成分的合理搭配。

毅力加科学锻炼加合理的营养,是健身锻炼的成功之路。如果把健身锻炼比作一条船,毅力是它的双桨,那么饮食营养则是载舟之水。换句话说,只有科学的饮食营养,才能获取健身锻炼的最佳效果。尽管热量的摄取是当前减肥健美热中的一个重要话题,但健美教练和健身指导员帮助健身者解决的问题不仅仅只是会计算热卡,一个人所摄取的食物类型对其总体的健康状况也起着极其重要的作用。由此可以得出一个公式:饮食营养+运动锻炼=健身健美。即饮食营养是运动锻炼的基础,运动锻炼又是通向健身健美的必由之路。

一、营养目标与健康营养要求

(一)营养目标

1993 年 6 月,国务院颁布了《二十世纪九十年代中国食物结构改革与发展纲要》(简称《纲要》)。《纲要》强调了我国 20 世纪 90 年代食品工作的重点,指出为保障人民日益增长的食物需求,要大力发展食品生产,还要大力改善和调整食品结构，尽快建立起适合我国国情、科学合理的人民膳食结构。要按照“营养、卫生、科学、合理”的饮食原则，继承中华民族饮食习惯中的优良传统，吸收国外先进经验，改革我国食物结构和人民消费习惯，要求20世纪末人均每日营养素供给量达到世界平均水平。

但是如今由于人们物质生活和饮食习惯的改变，一些人已出现了亚健康状态，这足以让我们警醒，必须尽快改变饮食结构和生活习惯，否则后患无穷。这里推荐的WHO的饮食结构(饮食计划)是一种平衡饮食结构，值得遵从。WHO推荐的膳食构成是：来自碳水化合物(糖类)的能量为55%～65%，来自脂肪的能量为20%～30%(饱和脂肪宜少于10%)，来自蛋白质的能量为11%～15%。总的来说应注意做到以下几点。

(1)增加糖类(碳水化合物)的摄取(应由原来占食物总量的46%～58%提高到55%～65%)，同时要不断减少单糖的摄入量。

(2)减少总脂肪量约30%～42%和饱和脂肪10%～16%的摄入量，摄入量应向下限看齐。

(3)限制每天食物中胆固醇的摄入量，不超过300mg/每天。

(4)降低盐的摄入量，减少50%～85%，直到每天仅仅摄入3g～5g，重体力活动者除外。

(二)健康营养的基本要求

合理营养是健康的物质基础，而平衡膳食又是合理营养的根本途径。那么，什么是健康的饮食营养呢？按照“中国居民平衡膳食宝塔”的要求，对成人而言，就是每天饮相当于鲜奶300～500g的奶制品和相当于干豆25～35g的大豆制品，两匙油(25～30g)，300g左右的水果(200～350g，最好3～5种水果)，四份高蛋白(鱼、禽、蛋、肉等动物性食物总共120～200g)，300～500g蔬菜，6g盐(2006年，世界卫生组织将盐的上限改为5g)，谷类200～300g(全谷物和杂豆类50～150g，薯类50～100g)，8杯左右水(在温和气候条件下生活的轻体力活动者每日至少饮水1500mL以上，即最少应达7杯水)，九成饱，十千步(每天进行累计相当于步行6000～10000步的活动量,如果身体条件允许,最好进行30分钟中等强度的运动)。但病人、少年儿童、减肥者、60岁以上老人和孕妇等,需根据具体情况调整膳食结构和食物量,必要时补充维生素和矿物质甚至全营养素。

二、营养素

(一)碳水化合物(糖)

1. 碳水化合物的组成、来源和分类

碳水化合物是由碳、氢、氧元素组成的。碳水化合物的食物来源主要是小麦及淀粉类,包括面包及谷类、水果及蔬菜等。碳水化合物按其分子结构的不同,可分为单糖,包括葡萄糖、果糖及半乳糖(容易导致肥胖和脂肪积聚);双糖(二糖),包括麦芽糖、蔗糖(食糖)及乳糖;多糖,它由三个以上单糖分子组成,有淀粉、原糖、食用纤维素及葡萄糖分子键等。所有种类的碳水化合物经消化后均会被转化成单糖,然后被吸收。

2. 碳水化合物的功能和供能特点

碳水化合物对人体的总体效应主要是稳定血糖水平,以增强调节食欲和体力的功能,促进脂肪代谢与糖原贮存。而且增加碳水化合物贮存量可避免蛋白质的过量分解和增加脂肪的代谢。一般低糖原贮存量会导致缺水、代谢及体力下降、脂肪的代谢消耗减少、低血糖症及饥饿感等。

(1)碳水化合物对人体的主要功能是:①制造三磷酸腺苷(ATP)的主要来源,可被人体直接使用;②有氧运动及无氧运动的主要能量来源;③中枢神经系统活动的能源;④丰满肌肉;⑤调节脂肪代谢;⑥节约蛋白质。

(2)碳水化合物的供能特点是:①产生能量快;②比蛋白质、脂肪耗氧低;③缺氧时,通过无氧酵解供能;④代谢产物 CO_2、H_2O;⑤提高肌酸利用率。

3. 糖原贮存形式及膳食分配

糖原贮备主要适用于耐力性运动项目,如马拉松等。碳水化合物在

人体中作为糖原形式进行贮存，主要分为三种形式。

(1)肝糖。它以糖原形式贮存于肝脏(75～100g)，需要时用以调节血糖浓度。

(2)血糖。它主要释放葡萄糖以供身体组织使用，血糖水平受胰岛素控制，而肌肉亦受此控制，其糖原的贮存量约5g。

(3)肌糖。它以糖原形式贮存于肌肉(360～400g)，亦用于新陈代谢，超过机体需要的过多的碳水化合物会转为脂肪，并储存在脂肪组织中。

碳水化合物是食物中最主要的也是最基本的供能物质，每克碳水化合物大约含热量4kcal。人们目前一般饮食结构中碳水化合物占总供能的46%，甚至更少。然而我国的营养目标是要达到碳水化合物供能占总供能量的58%，碳水化合物中包括那些可用于供能的可消化类型(如淀粉和糖)以及膳食纤维等不能消化的食物类型，如果酱、软饮料等。

通常，碳水化合物在膳食中的分配主要是：膳食中的热量摄入占总热量摄入的55%～65%，其中10%单糖类及50%复合糖类，训练者的热量摄入占总热量摄入的65%～70%。成年人每天摄入谷类、薯类及杂粮250～400g为宜，摄入量最少也不应少于200～250g，以防组织蛋白质的过量分解。以谷类为主是平衡膳食的基本保证，谷类食物中碳水化合物一般占重量的75%～80%，蛋白质含量是8%～10%，脂肪含量1%左右，还含有矿物质、B族维生素和膳食纤维。谷类食物是最好的基础食物，也是最便宜的能源。只有膳食中谷类食物提供的能量的比例达到总能量的50%～60%，再加上其他食物中的碳水化合物，才能达到世界卫生组织(WHO)推荐的适宜比例。为保证机体的正常工作，一般建议普通人每天需摄入的量为500～600g碳水化合物。也有专家提出，减肥者碳水化合物应限制在占总热量的50%～60%，甚至45%，以利于减肥。健美运动员在赛前减脂期，碳水化合物的摄入量甚至限制在占总热量的40%，研究证实，选用“食物血糖生成指数”(GI)低且富含碳水化合物的食物，对肥胖者和代谢综合征患者，尤其对糖尿病患者的膳食管理以及健康人群的营养参考依据是有积极意义的。相反，希望增肌和长壮的人则应选择“食物血糖生成指数”(GI)高的食物,以利于增加肌糖原的合成和肌纤维的饱满度。

关于补糖,在此提出建议,应充分利用训练后补糖的最佳时间,除了运动前、中、后,尽量减少在其他时间食用加工过的糖,而选用富含膳食纤维的食物如全麦食物,最后一次碳水化合物的摄入不要离晚上睡前太近。

豆类、乳类、燕麦、蔬菜等纤维含量高,都是低GI值食物,魔芋粉的血糖生成指数只有17,在几乎所有食物中是最低的。而馒头、米饭、蛋糕、饼干、甜点等淀粉含量较高,则属于高GI食物,谷类、薯类、水果常因品种和加工方式不同,特别是其中的膳食纤维含量发生变化,而引起GI的变化。例如,100g土豆食物中淀粉的含量占17%,脂肪仅含0.2g,而油炸土豆的脂肪含量将增加几十倍。此外,选择较粗糙的食物(没有经过太多烹调程序和较少调味剂、添加物),少吃过于精致的食物,也是一种挑选低GI食物的方法。

4.低碳水化合物饮食对身体和运动的影响

人体能量的55%～65%靠碳水化合物供能。低碳水化合物饮食在各种不同的情况下,会对身体产生各种不同的影响。比如肝糖耗尽时,会引起低血糖症,并且由于肌肉糖原耗尽,患者会出现体弱及疲倦现象,同时蛋白质也将被分解,从而转化为糖类提供能量。当血糖过低后采用单糖份量高的膳食,会导致血糖过高症。一般正常血糖水平应是每100mL血液中含80～100mg,当低于45mg时就属血糖过低症。假若运用低强度运动,就能增加脂肪消耗,避免糖原过量使用,但运动强度过高时,肌肉糖原会减少,而血糖则成为主要能量来源(占总能量的75%～90%)。以植物性食物为主的膳食还可以避免高能量、高脂肪和低碳水化合物膳食模式的缺陷,对预防心脑血管疾病、糖尿病和癌症有益。研究证实,在主食摄入量一定的前提下,每天食用85g全谷食品(小米、高粱、玉米、荞麦、燕麦、薏米、红小豆、绿豆、芸豆等),能有效减少若干慢性疾病的发生风险,还可以帮助控制体重。

运动员糖摄入不足的后果主要有:

(1)运动后糖原的耗竭不能很快恢复。

(2)运动中不能保持血糖水平,疲劳提早发生,运动能力下降。

(3)摄糖不足会造成肌肉蛋白分解,围度减小,体重减少。

(4)摄入过少时,会导致脂肪代谢减慢。

(5)缺乏会导致水分丢失,新陈代谢减慢,增加食欲。

5.注意事项

为了达到减少加工精制糖类而增加复合碳水化合物和纤维这一理想饮食目标,建议在饮食中做以下调整:

(1)减少像软饮料、蛋糕、小甜饼和类似的其他含糖食物的摄入量。

(2)增加全谷面包、粗粮、水果、蔬菜的摄入量。

(3)增加复合碳水化合物热量的摄入,相应地脂肪的摄入量就减少了。

(4)比赛前的数天,食用高碳水化合物及降低训练强度,此方法可增加糖原贮备量。

(5)训练后,首先须补充水分(用以调节体温及正常生理功能),然后补充碳水化合物。

(二)脂肪

1.脂肪的组成和种类

脂肪是由碳、氢和氧三种元素组成。其中游离脂肪为脂肪的最简单形式,最常见的包括棕榈脂、油酸酯及硬脂,有的还含有氮和磷。在人体和动植物组织成分中,含有油脂(即脂肪)和类脂两大类化合物,总称为脂类。脂肪按其分子结构的不同,可分为饱和脂肪和不饱和脂肪两大类。饱和脂肪多来自动物,在室温条件下呈固态(在碳键中含所有可能的氢原子并在两个碳原子中没有双键),动物油脂有猪油、牛油、鱼肝油和奶油等。不饱和脂肪多来自植物,在室温条件下呈液态(在两个碳原子中间含双键,碳键中含较少氢原子),植物的油脂如豆油、花生油、菜油和芝麻油等,它们是由脂肪酸与醇类所生成的脂,可分为单不饱和脂肪酸(可多吸取2个氢原子)和多不饱和脂肪酸(可多吸取4个或更多氢原子)。另外，脂肪还有其他成分。

(1)脂肪酸。属多不饱和脂肪。来自鱼油中,可减低血中胆固醇及甘油三酯的水平,有效降低患冠心病的几率。

(2)胆固醇。肝脏将游离脂肪酸合成为胆固醇,以供身体应用。而肝脏亦使用胆固醇制造胆盐以帮助消化脂肪。其主要来源为动物及蛋、猪油成分的食品。

(3)脂蛋白。与胆固醇有极大关系,主要有蛋白质、胆固醇、磷脂及甘油三酯。具体可分为以下五种:

①高密度脂蛋白(HDL)。包括高分量蛋白质,中量胆固醇及磷脂,少量甘油三酯。能够从动脉壁去除低密度脂蛋白,将其运输到肝脏。这种脂蛋白被称为“好胆固醇”。

②低密度脂蛋白(LDL)。包括高分量胆固醇及磷脂,少量甘油三酯及蛋白质。此脂蛋白会附于动脉上,引致动脉粥样硬化。这种脂蛋白被称为“坏胆固醇”。

③极低密度脂蛋白(VLDL)。包括高分量甘油三酯,少量蛋白质。这种脂蛋白为低密度脂蛋白的先驱。

④磷脂。是细胞膜的构造成分。

⑤亚油酸。是唯一的必需脂肪酸,为多不饱和脂肪酸,也是脂溶性维生素的载体。

2.脂肪的主要功能

脂肪在体内的贮存形式包括以甘油三酯的形式贮存在皮下及器官组织周围的脂肪细胞内;以游离脂肪酸贮存于血浆内;以甘油三酯的形式贮藏于肌肉内等。其主要功能包括以下七种:

(1)维持体温。

(2)保护脏器等重要器官和组织。

(3)能量贮存,提供必需脂肪酸。

(4)生产激素的原料。

(5)参与细胞的构建,构成血浆脂蛋白。

(6)影响脂溶性维生素的吸收。

(7)维持生物膜结构和功能,胆固醇可转变成类固醇激素、维生素、胆汁酸等。

3. 脂肪的需要量

脂肪是能量的另一种重要来源,每克脂肪所含的热量要比碳水化合物多出两倍。WHO 推荐的脂肪能量为 20%～30%,为了保持较低脂肪,食物脂肪不超过总热量的 20%～25%较适宜,每天约 40～50g(包括植物油)脂肪即能满足必需脂肪酸(亚油酸、亚麻酸、花生四烯酸)的需求并保证脂溶性维生素的吸收,饱和脂肪酸(SFA)、单不饱和脂肪酸(MUFA)和多不饱和脂肪酸(PUFA)之间的比例约为 S∶M∶P＝1∶1∶1。

健美锻炼者饱和脂肪可占 5%,不超过 10%,单不饱和脂肪酸占 8%,多不饱和脂肪酸占 7%。

同时另一种类型的脂类——胆固醇的摄入量也设定每天不超过 300mg。为了达到这些目的,请注意保证做到以下六点:

(1)多吃瘦肉、鱼类、禽类、干豆、豌豆,以作为蛋白质的来源。

(2)食用去脂牛奶、低脂牛奶和奶制品。

(3)限制鸡蛋(尤其蛋黄)和动物内脏器官类肉的摄取量。

(4)限制油脂,特别是那些富含饱和脂肪的种类,如黄油、猪油、奶油及一些含棕榈油和花生油的食物。

(5)烤、烧、煮而不应油炸,去除肉中的脂肪组织。

(6)少饮酒,因为大部分酒精将转化为脂肪。

4. 脂肪摄入过多或不足对身体和运动的影响

脂肪摄入过多的危害有三点:

(1)造成肥胖、高脂血症及相关疾病,影响心血管的健康。

(2)代谢产物蓄积,耐力下降,引起疲劳。

(3)蛋白质、铁和其他营养素的吸收下降等。

脂肪摄入过低的危害是必需脂肪酸和维生素 E 缺乏,并影响脂溶性维生素的吸收以及肌肉细胞膜的修复。

在碳水化合物、蛋白质和脂肪这三类产能营养中，脂肪比碳水化合物更容易造成能量过剩。1g 碳水化合物或蛋白质在体内可产约 17kJ 的能量，而 1g 脂肪则能产 38kJ 的能量，也就是说同等重量的脂肪是碳水化合物提供能量的 2.2 倍。另外相对于碳水化合物和蛋白质，富含脂肪的食物口感好，刺激人的食欲，使人容易摄入更多的能量。动物实验表明，低脂膳食摄入很难造出肥胖的动物模型。从不限制进食的人群研究也发现，当提供高脂肪食物时，受试者需要摄入较多的能量才能满足他们食欲的要求，而提供高碳水化合物低脂肪食物时，则摄入较少能量就能使食欲满足。因此进食富含碳水化合物的食物，如米面制品，不容易造成能量过剩使人发胖。造成肥胖的真正原因是能量过剩，而脂肪摄入过多又是肥胖的主要因素之一。

（三）蛋白质

1. 蛋白质的组成和种类

蛋白质是人体最重要的生命物质，由碳、氢、氧、氮四种主要元素组成。氨基酸是组成蛋白质的基本单位，大部分蛋白质均由 300 个以上的氨基酸组成。通常，人体需要 20 种氨基酸，以组合成不同种类的蛋白质，供身体正常的生长和使用。氨基酸的种类划分主要以是否能在人体内合成为前提的。比如必需氨基酸（8 种），它不能在人体内合成，所以必须从膳食中供给；而非必需氨基酸（12 种），它可以在人体内合成。其中食物中含各种氨基酸的数量是不同的。比如完全蛋白质（来自动物）食物，它含足够量的必需氨基酸，以维持健康及促进发育；而不完全蛋白质（来自植物）食物，它缺少一种或多种必需氨基酸。

2. 蛋白质的功能

蛋白质是构成人体的主要成分，人体的 16%～19% 由蛋白质组成。在人体细胞中，蛋白质约占 1/3，其具有促进新陈代谢（每天有 3% 的蛋白质要更换，即新细胞代替老细胞）、修补旧组织、供应部分能量和调节生理功能(比如胰岛素、血红蛋白、线粒体内的氧化激素(活性物质)、体液和酸碱平衡及凝血机制),以及保护机体的抗体和氨基酸及血脂蛋白的载体等。另外,色氨酸及酪氨酸是生成人体大脑中一种重要神经传递物质,进行高强度运动时,肌肉中的亮氨酸会被分解以供给能量。进行健身健美训练时,蛋白质的主要功能是可以使肌肉发达,力量增长,还可保证体内各内分泌物的平衡。

当足够的氨基酸满足机体需要后,剩余的是不能贮存起来的。而多余的氨基酸则会通过脱氨基的作用,将含丰富氮元素的氨基释放出来,然后通过尿液及汗水排出体外。氮是一种有毒物质,会加重肝及肾的负担,引致脱水现象,同时还会使患痛风的人感到关节疼痛的程度增加。

肌糖原贮备充足时,蛋白质供能仅占总热量的5%,肌糖原耗竭时,蛋白质作为能量来源可高至总热量的15%左右,减肥者在减体重过程中蛋白质可占总热量的20%～25%。因为脱氧核糖核酸(DNA)有增加蛋白合成的功能,而所合成蛋白质的种类则视所参与的运动项目而定。如有氧运动会增加线粒体及氧化激素,而无氧运动则会增加收缩肌的蛋白。

3. 蛋白质供应不足的后果

(1)减脂速度缓慢。

(2)女性皮肤粗糙无光泽,易疲劳。

(3)机体抵抗力减低,生命脆弱而易病。

(4)健美爱好者肌肉增长缓慢。

4. 建议摄入量

每克蛋白质提供与糖相等的热量,也是16.7kJ/g,但却不是主要的供能物质。

建议摄入量:青少年为2克/公斤(体重)/天,成人为0.8～1.2克/公斤(体重)/天,非从事锻炼群体为0.6～1.4克/公斤(体重)/天,少年运动员为2～3.4克/公斤(体重)/天。增肌者为1.6～2克/公斤(体重)/天(具体建议是,一般强度的锻炼需1～1.5克/公斤(体重)/天,大强度锻炼需1.5～2克/公斤(体重)/天,休息日需1克/公斤(体重)/天),有的增肌者甚至达到 3.4 克/公斤(体重)/天。减脂者为 1.2 克/公斤(体重)/天，有的减肥者有时达 2 克/公斤(体重)/天。

一般地，成年人每天每公斤体重摄入量约为 0.8g 蛋白质，因此一个 70kg 的人每天只需要 56g 的蛋白质，快速生长的婴儿每天每公斤体重需要 2.2g 蛋白质。健康膳食应包括鱼肉、禽类肉和低脂制品，而不是更多的红肉和常规的奶制品。

健美运动员进入比赛体格状况时，每天每公斤体重摄入 2.5g 左右蛋白质，最高时达 3g 以上，故此，成年人每天每公斤体重一般在 1.0～3.0g，此标准同时也适用于健美训练者和从事耐力或爆发力的训练者。

注意事项：计算体重时，应将体脂一并考虑(新陈代谢直接与肌肉量有关)。

5. 摄取蛋白质的忌点

科学研究显示，鱼类蛋白质含量平均为 18%左右。其蛋白质的氨基酸与人体需要接近，利用率高，脂肪含量平均约 5%左右，还含有非常全面的维生素和矿物质，故是人体优质的蛋白质来源。其他水产品如乌贼等，蛋白质含量多为 15%左右。禽类蛋白质含量约为 16%～20%。蛋类(全蛋)的蛋白质含量平均为 12%左右。畜类蛋白质含量一般为 10%～20%。上述食物氨基酸的组成均与人体需要接近，营养价值极高，但也不是多多益善，如果过食会对身体造成伤害，应注意营养膳食的平衡。

(1)高蛋白质的食物往往是高脂肪食物，因此在摄入大量蛋白质的同时会带进大量的脂肪。以猪肉为例，肥瘦肉的脂肪含量在 1/3 以上，纯瘦肉的脂肪含量也在 6%以上，这样就会导致身体肥胖。过多的蛋白质同样会造成热能过剩，增加体重(主要是体脂)。

(2)高蛋白质的食物往往也是高胆固醇食物，见表 1－1。

表 1－1　每 100g 食物中胆固醇含量

食物名称	胆固醇含量	食物名称	胆固醇含量
鹌鹑蛋	3640	鳝鱼	264
鸡蛋黄	1163	海参	0
乌贼	275	豆制品	0
鱿鱼	215.6	蛋类	0

每100g食物中含胆固醇200mg以上者，医学上称为高胆固醇食物（每人每日胆固醇摄入量以不超过300mg为宜），而海参、蛋白和豆制品中胆固醇含量为零。可见，豆制品、蛋白、海参及牛奶等很适宜中老年人食用。

特别提醒那些正处在40～55岁（更年期）年龄段的人。在这个年龄阶段易发生多种疾病，如高血压、冠心病、动脉硬化、高血糖、高血脂等。因此，40岁以上的人以不吃或少吃鹌鹑蛋、鸡蛋黄和无鳞鱼为好。如果经常食用含胆固醇较高的食品，胆固醇便会渐渐沉积在动脉血管内壁上，久而久之，会形成动脉硬化症。

（3）高蛋白质的食物使机体丢失更多的钙。

（4）过多的代谢产物（废物）增加了肾脏的负担。蛋白质代谢生成的氨，需经过肝脏转化和肾脏排泄，过量食用蛋白质会造成机体酸性代谢产物过多而导致机体酸化，故过多地摄入蛋白质会加重肝脏和肾脏的负担。

（5）高蛋白质食物会造成脱水和活动能力下降。人体的最佳内环境（主要是组织液和血浆）是中性偏碱性的，过量蛋白质会造成体液酸化和脱水，使疲劳提早出现，降低人的活动能力。

（6）高蛋白质食物有可能会有诱发中老年人患心脑血管疾病的危险。

（四）维生素

1.维生素的种类、功能及来源

维生素是维持人体生命和正常机能不可缺少的一种营养素。维生素在体内不能合成。维生素在人体内的主要作用为辅酶的功能。人体共有13种必需维生素，也是食物中含量特别少的一种特殊的营养物质，但它对机体的正常功能却必不可少。根据其溶于水和脂的特点，将其分为水溶性和脂溶性两类。脂溶性维生素包括A、D、E和K，由于它们的溶解性能，可以储存在人体内，因此并非每天都需要从外界摄取。脂溶性维生素对人体的一个潜在的危险是，如果长期摄入过多的脂溶性维生素，会造成维生素中毒症——一种可致神经紊乱、胃肠疾病和对肝脏造成损伤的高维生素症。

水溶性维生素包括维生素B、C、叶酸、泛酸和生物素，由于任何多余的水溶性维生素都可以通过尿液排出体外，所以很少可能造成维生素中毒症。但是摄入过多的水溶性维生素对人体也有毒害作用，因此也应避免。对各种维生素，它们的功能及食物来源总见表1—2。

表1—2 维生素的功能与来源

维生素	功能	来源
B_1	作为一种辅酶的组成，辅助能量的供应	全谷、坚果、瘦猪肉
B_2	作为一种辅酶的组成，与能量代谢有关	牛奶、酸奶、奶酪、肉类、内脏、蛋类、谷类、蔬菜、水果
PP	促进细胞内的能量产生	瘦肉、鱼类、禽类、谷物
B_6	氨基酸代谢，辅助细胞的生成	瘦肉、蔬菜、全谷、豆类、肝脏
泛酸	辅助糖、脂肪、蛋白质的代谢	全谷、杂粮、面包、黑色或绿色蔬菜
叶酸	作为核糖和蛋白质合成的辅酶	绿色蔬菜、豆类、全麦食物
B_{12}	与核酸的合成，红细胞的形成有关	只存在于动物性食物中，而不存在于植物性食物中
生物素	脂肪酸和糖原合成的辅酶	蛋黄、黑色和绿色蔬菜
C	骨、牙齿、毛细血管间的营养	柑橘等水果、青辣椒、西红柿
A	与视力有关；形成和保持皮肤及黏膜；抗氧化剂，可延缓衰老	胡萝卜、甜薯、人造奶油、黄油、肝脏、蛋黄、有色蔬菜
D	辅助骨和牙齿的生长和形成；促进钙的吸收	蛋黄、海鱼、肝脏、精炼牛乳、鱼肝油
E	保持不饱和脂肪酸；保护细胞膜使其免受损伤	植物油、全谷、谷类、面包、绿叶蔬菜、豆类、蛋黄
K	对凝血起重要作用	绿叶蔬菜、豌豆、马铃薯

维生素与健康关系非常密切。如番茄红素、虾青素、β—胡萝卜素等可防止自由基对机体的伤害，B_1、B_2、PP等B族维生素在能量代谢中必不可少。番茄红素是近年来国际最新流行的一种营养素，有研究资料显示，它的抗氧化能力比维生素E强100倍，其功能主要是增强免疫力，抗衰老，保护心血管，降低癌症的发生率。

一个人完全可以通过摄取平衡饮食而满足每天对维生素的需求，因此额外补充维生素是毫无必要的。从另一方面说，健身者应注意平衡饮食，从长远的观点出发，保证机体对营养物质的需要，而不是靠额外的补充。请记住，平衡饮食不仅仅是提供足量的维生素，同时也能满足人们对蛋白质和无机盐的需求。

2.需要补充维生素的人群

脂溶性维生素可储存于体内，并不需要每日补充（病人及缺乏者除外）；而任何多余的水溶性维生素都可以通过尿液排出体外，故每天都必须摄入一定量的维生素进行补充，特别是处于亚健康状态的人或患有某些疾病的人。

下列人群应该寻求补充多种维生素。

①严格的素食者。

②长期患病而使食欲下降或营养素吸收障碍的人。

③使用影响食欲或消化功能药物的人。

④体育健康锻炼者，或进行严格训练的运动员。

⑤孕妇和哺乳期妇女。

⑥长期食用低能量膳食的人。

⑦老年人。

(1)维生素不足与缺乏常见症状

①常感疲劳、易感冒、咳嗽、抵抗力下降。

②消瘦、贫血。

③牙龈出血、牙龈发炎，口腔黏膜发炎及溃疡。

④口角炎、口角裂、唇炎、杨梅样舌、舌水肿、地图舌。

⑤皮肤粗糙、毛囊角化、皮炎、脂溢性皮炎，皮肤淤点、瘀斑。

⑥眼睑炎、眼角膜干燥、角膜软化，暗适应能力下降，夜盲。

⑦多发性神经炎、中枢神经系统功能失调、下肢肿胀、脚气病。

⑧儿童生长发育迟缓或不良、易出汗、毛发稀少，出现帽圈状脱发。

⑨鸡胸、患珠胸、O 型腿、X 型腿，软骨病。

⑩中老年人腰背、关节疼痛，容易骨折，骨矿物质量下降。

(2)需要补充维生素 A 的人群

①视力下降和夜盲症患者。

②上皮组织萎缩，皮肤老化、干燥、脱屑、毛囊角化及黏膜组织发生异常现象者。

③人体感觉疲劳，皮肤灼热、发炎，眼球疼痛，眼分泌物增加及角膜炎患者。

但过量服用，会引起中毒现象，如出现脱发、胃痛、呕吐、腹泻、疲劳、头痛、肝脏肿大、视力模糊等。

(3)需要补充维生素B的人群

①精神不振、有疲劳感、记忆力差、头痛、心跳异常、食欲不振、浑身及腰膝酸软无力者需补充维生素B_1。

②精力不济、易疲劳、头晕、嘴唇干裂、脱皮、口腔溃疡、舌头发红或紫红，皮肤发痛、发育迟缓者需补充维生素B_2。

③脱发、贫血、口臭、皮肤损伤、易发炎、虚弱、走路不稳、协调性差者需补充维生素B_6。

④贫血、皮肤粗糙、面色发黄、苍白、抵抗力差者需补充叶酸。但不可过量，因为过量摄取叶酸，可能影响医生对恶性贫血的诊断。

(4)需要补充维生素C的人群

①从事剧烈运动和高强度劳动的人。

②抽烟的人。多吃含维生素C的食物，有助于提高细胞的免疫力，消除体内的尼古丁。

③容易疲倦的人。维生素C是一种抗氧化物质。

④脸上有色素斑的人。补充维生素C可抑制色素斑的生成并促进其消退。

⑤长期服药的人。如安眠药、抗癌药、四环素、阿司匹林、降压药、钙制品等都会使人体维生素C减少，从而引起不良反应。

⑥白内障患者。维生素C的摄入量不足是导致白内障的因素之一，应多补充维生素C。

⑦坏血病患者。饮食中缺乏维生素C，从而影响结缔组织的形成，是毛细管管壁脆性增加所致。

⑧在污染环境工作的人。补充维生素C则可减少有毒气体对机体

的危害。

此外，B 族维生素中任何一种服用过量，都会导致其他 B 族维生素的损失，故一定要掌握好补充的量。

（五）矿物质（无机盐）

1. 矿物质的种类、作用及来源

矿物质是构成人体组织的各种元素，如骨骼、牙齿及肌肉。它也是人体中酶及激素的成分（调节新陈代谢）。无机离子和电解质在人体中主要的生理调节作用是肌肉收缩、神经脉冲传导、血中酸碱平衡、血凝固、维持心率等。它主要来源于植物、动物及水，缺乏时会出现贫血、血压高、癌症、蛀牙及骨质疏松症等疾病。通常身体吸收的比率，即日推荐量为真正需要量的 10 倍（被吸收的只占 10%）。此外，矿物质有相互干扰（一种矿物质过多时会影响其他矿物质的吸收）的特性，如锌与铜、钙与镁等，故应特别注意。

矿物质和维生素一样重要，机体只需要少量就可维持正常机能。常量元素（每天需 100mg 以上）有钾、钠、钙、镁、磷；微量元素（每天需 100mg 以下），有铁、碘、铜、锌、锰、铬、钒等。无机盐又可分为两类：大量无机盐和微量无机盐。大量无机盐包括对骨骼起重要作用的钙、对神经肌肉起重要作用的钾和钠以及对人体内许多酶起重要作用的镁等；微量无机盐包括血液中氧运输所必需的血红蛋白中的铁、调节正常代谢率所必需的腺垂体中的碘、许多与酶正常功能有关的锌、硒、铜等。人可通过摄入全面平衡的饮食获取他们每天所必需的这些矿物质元素，但是妇女常常会缺乏铁和钙，所以有必要考虑给妇女适当补充这些矿物质元素。无机盐的主要作用如下：

（1）维持细胞内外液的容量和渗透压（维持机体内环境稳定）。

（2）维持体液的酸碱平衡。

（3）维持神经肌肉的兴奋性（如血钙低就会抽筋）。

（4）影响体温调节。

（5）构成体质（尤其钙等）。

2. 矿物质缺乏和大量消耗对运动的影响

(1)疲劳提早发生。

(2)运动能力下降。

(3)影响运动后疲劳恢复。

(4)降低减脂效果。

3. 需要补钙的人群

钙是人体内含量最丰富的矿物质，约99%的钙存在于牙齿和骨骼里，主要是以与磷相结合的形式存在，其余1%则存在于体液和软组织中，大多呈离子状态，与骨骼维持着动态交换与平衡。有证据表明，钙还有助于防止结肠癌。

11～24岁的男女每天的钙摄入膳食推荐量为1200mg，在此年龄阶段补充充足的钙对以后年龄段防止骨质疏松至关重要。据调查，60岁以上的妇女有四分之一的人患有骨质疏松。24岁以上的成年人钙的膳食推荐量为800mg，这个推荐量是为保持强壮骨骼和防止骨折所必要的。一些研究表明，易发生骨质疏松的妇女每天钙的摄入量应该为1000～1500mg。

(1)钙的功能

①钙对于骨骼及牙齿的形成，正常心跳的维持，神经活动的传导，血液酸碱的平衡等有重要作用。

②钙能帮助肌肉收缩、血液凝结，并维护细胞膜。

③钙可以在与磷、维生素D的共同作用下防治小儿佝偻症；钙可以预防和治疗更年期骨质疏松症；细胞内游离钙浓度的平衡有助于维持血压稳定；钙还有助于预防结肠癌。

(2)缺钙的原因

缺钙的原因除了遗传因素外，主要是后天造成的；在日常生活中，钙的摄入量远远满足不了人体所需的标准量，这是缺钙的主要原因。人体钙的来源主要是通过膳食，然而人体对钙的吸收又非常苛刻，钙盐只有在酸性环境中呈离子状态，溶解于水的钙，才能被吸收，而钙的吸收又依赖机体对钙的需要、食物的种类和钙的摄入量而定，并且受到很多因素干扰。

当今随着饮食的欧美化和加工食品、速食品、肉食品的摄入量增加，钙的摄入不足将会越来越严重。同时奶与奶制品、豆与豆制品等含钙确实丰富，可是由于受到饮食习惯和食品供应等限制，很难通过膳食满足人体对钙的需求。此外，随着社会的老龄化，缺钙导致对人体健康的危害将会越来越突出地显露出来。

(3)缺钙的危害

①由于钙有助于神经刺激的传导，缺乏钙，导致神经无法松弛下来，因而疲劳无法缓解，并且引起经常失眠。

②缺钙会引起程度不同的骨质疏松症。

③缺钙可引起的疾病有高血压、冠心病、尿路结石、结(直)肠癌、手足抽搐症等。

(4)哪些人要警惕骨质疏松

①长期饮酒者。

②缺硼，缺镁者。

③自身免疫状况较差者。

④长期缺乏锻炼者。

⑤缺乏雌激素者。

⑥月经不正常者。

4.预防骨质疏松及补钙的方法

(1)食物弥补

食用低脂牛奶及奶制品、豆类及豆制品、海藻类(海带)、虾类、鱼类、绿色蔬菜(如萝卜、花椰菜和绿芥末)、花生、柑橘、山楂、橄榄、杏仁、番茄、蛋类、瓜子类等，以及含维生素 C 丰富的食物，以促进钙的吸收。通过饮食调节，增加含钙的食品摄入量，这是最重要的。

(2)加强体育活动

经常进行户外体育活动是预防控制骨质疏松症发生与流行的一项不可忽视的措施。

(3)控制影响骨质形成的药品和食品的摄入

①吸烟可促使骨质丢失，饮酒会减少钙的摄入，增多尿钙的排泄，因此不吸烟、少饮酒是很重要的。

②含铝的制酸药，如可的松、苯妥英钠、肝素和咖啡因等药品，均会影响骨质的形成，应加以控制使用。

③积极治疗引起骨质疏松症的内分泌疾病，如库欣综合征、肢端肥大症、甲状腺功能亢进、糖尿病等。

(4)选用含钙的保健品

选用原则如下：

①钙含量高。

②吸收利用率好。

③安全无污染，刺激性小。

④口感好，服用方便。

⑤含量价格比经济。

5. 需要补铁的人群

铁是人体必需的重要微量元素，是维持生命的重要物质，是血液中含量最高的矿物质。

(1)铁的功能

①铁是合成血红蛋白的重要物质，在组织呼吸和生物氧化中起着重要作用，可以防治缺铁性贫血症，促进发育，增强抗病力，改善儿童的精神状态。

②由于铁在血液中的重要作用，可以增强人体活力，防止疲劳，使皮肤恢复良好的血色。

(2)缺铁的原因

①食物中铁的摄入不足。

②妇女因月经过多导致缺铁。

③疾病影响，如溃疡病等导致失血；

④胃肠功能紊乱以及胃肠疾病影响铁的吸收。

(3)缺铁的症状

注意力不集中，精神萎靡；贫血，面色发黄，苍白；心跳加快，胸闷；厌食，偏食；腰膝酸软，手脚冰凉。

(4)缺铁的危害

①人体缺铁时不能合成足够的血红蛋白,就会发生缺铁性贫血。

②缺铁导致细胞免疫功能受损,同时还会影响中性粒细胞杀菌能力,铁的缺乏直接影响了机体的免疫功能。

③缺铁会引起儿童智力下降。

④缺铁可影响人的肌肉运动能力,导致人的肌力减弱,耐力差,表现为易疲倦和软弱无力等。

(5)预防缺铁及补铁的方法

①食物弥补:食用动物肝、莲子、黑木耳、海藻、菠菜、黄花菜、鸡鸭肉、猪肉、牛肉、羊肉、香蕉、橄榄、蘑菇、油菜、芝麻、酵母、枣、大豆制品、芹菜、海蜇、鱼、蛋、番茄、虾皮、香瓜、谷类、胡萝卜、牛奶、葱,以及含维生素 C 丰富的食物,以增加铁的吸收。

缺铁的治疗首选饮食疗法,要选择既富含铁又容易吸收的食物,其中动物性食物不论含铁量和吸收率一般都要优于植物性食物,炒菜最好用铁锅,可以增加铁的来源。

②病因治疗:治疗胃肠疾病,改善肠胃功能,保证铁的吸收,及时治疗妇女月经过多以及其他失血量多的疾病,减少铁的损失。

③铁剂治疗:应尽量采用口服铁剂,以硫酸亚铁、富马酸亚铁、葡萄糖酸亚铁为佳,剂量应按元素铁剂量,每日千克体重 4.5～6.0mg 元素铁为最佳剂量,其中硫酸亚铁含元素铁约 20%,富马酸亚铁约 33%,葡萄糖酸亚铁约 11.5%,饭后服用为宜。

6. 维生素与矿物质的一般常识

(1)维生素和矿物质的重要性。维生素是维持人体生命活动不可缺少的一大类有机物质,而矿物质是构成机体组织和维持正常生理功能所必需的无机物质。

(2)维生素易失效和流失。水洗、加热都会使维生素流失或失去效力。

(3)维生素与矿物质能清除体内氧自由基。氧自由基是引发癌症和衰老的主要诱因之一，抗氧化维生素A、C、E及β胡萝卜素和微量元素硒能帮助清除体内氧自由基。

(4)维生素和矿物质能帮助改善体质，增强抵抗力。

(5)维生素和矿物质需从外界摄取。

(6)生活中仅靠日常饮食常常无法摄取足够的维生素和矿物质。

(7)体内维生素与矿物质由于外界因素会过度消耗。紧张的生活节奏、加班、熬夜、烟酒过度、饮食没有规律，都会造成体内维生素和矿物质过度消耗，进而引起疲劳、体质差、抵抗力弱等一系列后果。

(8)补充矿物质并非品种和数量越多越好。科学实验证实，某些矿物质(如汞)极少剂量就会对人体产生毒性作用，而另一些微量元素如锂、钒等究竟进入人体有何作用至今尚未有科学定论，专家建议，对人体作用不明的微量元素要谨慎服用，谨防毒副作用。

(六)水

1. 水的来源及功能

(1)水的来源

水被称为生命之源。它约占健康成年人体重的60%～70%。人体内的水含量因年龄、性别不同而有所差异。以19～50岁年龄段的人为例，男性体内的水平均占体重的59%，女性体内的水占体重的50%；过胖人士体内的水占体重的40%；训练者体内的水可达体重的70%。其中，水在骨骼内占1/4，在肌肉和脑内占3/4。在缺水的情况下，人体约可维持七天生命，而人体对水的日需要量为2kg左右。一般体内的水分会从下列各方面散失，即排汗、呼吸及大小便(饮用含酒精及咖啡碱的饮品会增加排尿量)。然而，人体中的水分主要是从各式饮品及食物(水果占10%～90%、主食占36%)获得。人体内水分的贮存，有55%在细胞内，45%在细胞外。水与蛋白质、碳水化合物及电解质在体内紧紧融合在一起。运动时，350g经代谢后的葡萄糖会释放出1L水，以供机体运动的需要。人体内水分降低时，血浓度会随之上升，水则会从细胞渗出而进入血液，引致脑垂体释放出抗利尿素，驱使肾脏再保留水分。相反，体内水分过多时，更多的水分则会被排出，正常人体每日水的出入平衡如表1—3。

表1—3　正常人体每日水的出入平衡

来源	摄入量(mL)	排出途径	排入量(mL)
饮水或饮料	1200	肾脏(尿)	1500
食物	1000	皮肤(蒸发)	500
内生水	300	肺	350
		大肠(粪便)	150
合计	2500		2500

值得注意的是，处于高温环境下的劳动者或运动的人，其饮水量是完全不同的，有时甚至存在着惊人的差别。根据个人的体力(运动)负荷和热应激状态水平的不同，他们每日的水需要量可从2L到16L不等。即便不考虑任何影响因素，成人每消耗4.184kJ能量就需1L水，考虑到活动、出汗及溶质负荷的变化，一般成人的水需要量也可增1.5L/4.184kJ。饮水应少量多次，切莫感到口渴时再喝水。如果活动量大，出汗多，应考虑同时需要补充淡盐水及矿物质。

(2)水的主要功能

①细胞原生质的构造物质。

②保护身体组织(脑部及脊柱)。

③维持体液平衡。

④成为氧气和各种养分及激素的载体，运送各种物质往返于细胞。

⑤传递各种感觉。

⑥调节体温。

⑦补水不仅对保持运动能力至关重要，而且有助于减脂和增肌。

2.水与运动的关系

(1)体液丢失大于体重的2%时，运动能力下降10%～15%。

(2)体液丢失达到体重的4%时，运动能力下降20%～30%。

(3)体液丢失达到体重的5%时，难以集中精力，头痛，烦躁，困乏。

(4)体液丢失达到体重的7%时，热天锻炼可能发生晕厥。

此外，体内碳水化合物的储存也需要水，如肝脏和肌肉储存1kg的碳水化合物需2.7kg的水。如果一个人摄入低糖饮食，一两天后体内的碳水化合物的储量会急剧下降，同时储存在碳水化合物中的水也随之丧失。这就解释了为什么人们常常在低糖饮食后会经历一个体重迅速下降的过程(但不是脂肪的减少)。减少0.45kg的体脂需要消耗3500千卡的热量，但很少有人能一天内达到这一目标。这种能使体重迅速降低的饮食方案只是使体内的水分减少了，但这种减少终究会被补充。同时，只有热量的消耗才能对体重的减轻有意义，并非摄入食物的类型。就理想饮食模式而言，碳水化合物在减体重的过程中应是最后的一个减少的成分。

3.运动中如何补水

很多人口渴时才饮水，这是一种错误的做法，其时，此时缺水已达2%～3%。不少人运动中单纯补水，也是可以的，但最好的补水方法是补水与补糖和电解质相结合(减肥者可不补糖)。补水方法如下：

(1)运动前2小时可补水250～500ml。

(2)运动前即刻补水150～250ml。

(3)运动中强度大时每隔15～20分钟补水120～240ml。

(七)膳食纤维

膳食纤维又叫粗纤维，是一类不能被人体消化吸收的多糖，一般不被小肠消化吸收，在大肠发酵。它可分为两类：一类是可溶性膳食纤维，如果胶、树胶等；另一类是不可溶性膳食纤维，如纤维素和半纤维素等。

1.膳食纤维的功能

(1)润肠通便。由于没有酶可分解它，也不提供能量，因此“怎样进来，就怎样出去”，故被誉为肠道的“清洁工”和排毒能手。

(2)减肥作用。纤维遇水会膨胀，从而增加饱胀的感觉，降低食欲，加之没有热量，故可减脂控体重。此外，消化、吸收富含纤维的食物会消耗更多的热量。

(3)防治心脑血管疾病。在食物四周形成一层保护膜，延缓降低胆固醇、甘油三酯和单糖等营养物质的吸收。

(4)预防糖尿病。膳食纤维可减少胰岛素的变化幅度等。

2. 食物的来源

谷类、薯类、豆类、蔬菜、水果及植物性食物等。

3. 推荐摄入量

建议普通成年人每人每天摄入 30g 左右。

第二节 运动与能量平衡

运动产生良好健康效益的关键在于其维持合理体重和体脂。运动不足或缺乏会引起体重超重或肥胖,如在过食的情况下则更为严重。成年人保持恒定体重的基本原理是热能摄入量与消耗量之间的平衡。国外研究提出,人的体重为一个设定点所调节,人体内的生理系统为维持已定体重发挥调节作用。但近年另有人提出人的体重可以是一个设定点,即不存在已保持的适宜体重,而是体重可不断调整,长期体重的维持是遗传特征和环境因素相互作用的结果。体重变动必定是总热能中有一种或多种常量营养素不平衡。能量不平衡时,人体为获得内环境稳定,必须重建总能量和常量营养素的新平衡。新的平衡可以在原体重和原体脂水平建立,或也可在与原体重、体脂水平不同情况下重新建立。体重和体成分的改变与脂肪代谢的关系密切,但是体成分的变化需要一定时间;研究观察到增加膳食碳水化合物(一餐到两周)即可使体内碳水化合物的氧化程度增加;如变动膳食的脂肪摄入量,会使脂肪的氧化量有些改变,但变化仍很小,短时间内不能实现脂肪平衡的调节,多数需要改变身体的脂肪量后,才能使体重在新的体脂水平下获得新的平衡。理论上,限制膳食脂肪的摄入量或通过运动增加脂肪的氧化量,才可能使身体脂肪量减少。

一、人体运动时的物质与能量供应

水、蛋白质、糖、脂肪、无机盐和维生素六大营养物质,是人生命活动的物质基础。人体活动的能量是人吃的食物在人体内经一系列化学变化,并进行物质代谢而得到的。人参加体育运动时,由于肌肉长时间的收缩和舒张,脏器活动的增强,能量消耗会大大增加。所以体育运动可以促进人体的新陈代谢过程和提高机能活动水平,是增强体质的一种积极手段。

糖是生命活动中能量的主要供应者。糖在体内除供应能量外,还可以转变成蛋白质和脂肪。人进行体育运动,体内能量消耗大,肝脏储存的糖原便转变成葡萄糖进入血液,由血液输送到肌肉中供运动需要。经常参加体育运动,体内糖储备量增加,调节糖代谢能力加强,能使血糖在较长时间内保持稳定,能提高耐力。

脂肪是人体细胞的组成部分,它包括甘油酯、磷脂和胆固醇三大类,是一种含能量最多的物质。它在体内氧化所释放出的能量,约为同量的糖或蛋白质的两倍。脂肪还可以起到保护器官、减少摩擦和保护体温的作用,但脂肪过多对人体是有害的。经常参加体育运动,不但可以防止肥胖,还可以预防因人体脂肪过多而造成的疾病。

蛋白质是生命的基础,是细胞的主要组成部分,是体内能量的来源之一。肌肉收缩、神经系统的活动、血液中氧的携带和参与各种生理机能调节的许多激素,都与蛋白质有关。人体内有一类能加速各种化学反应进行的酶,其化学本质也是蛋白质。参加体育锻炼,能提高酶的活性,有利于增加人运动时身体内的能量供应和运动后消耗物资的补充。

水在人体的组成中含量最高,成年人体内含水量约占体重的65%,水不但能维持人体体温,参加体内的水解,促进物质的电离,还在体内有润滑作用。

伴随物质代谢过程发生的能量吸收、储存、释放、转移和利用的过程,称为能量代谢,能量代谢的核心物质是ATP。

(一)磷酸原供能系统

ATP、CP分子内均含有高能磷酸键,在代谢中均能通过转移磷酸基团的过程释放能量，所以将ATP、CP合称磷酸原。由ATP、CP分解反应组成的供能系统称作磷酸原供能系统。

1. 磷酸肌酸的功能

(1)高能磷酸基团的储存库。

(2)组成肌酸—磷酸肌酸能量穿梭系统。

2. 磷酸原系统供能特点

(1)磷酸原系统的基本功能特点

启动：运动开始时最早启动，最快利用，具有快速供能的特点。

功率：最大功率输出。短时间极量运动时，磷酸原系统的最大输出功率可达每千克干肌每秒2.16～3.0毫摩尔～P。

可维持最大供能强度运动时间：约6～8秒钟。

适合的运动项目：与速度、爆发力关系密切，如短跑、投掷、跳跃、举重及柔道等项目。

(2)不同强度运动时磷酸原储量的变化

①极量运动至力竭时，CP储量接近耗尽，达安静值的1以下，而ATP储量不会低于安静值的60%；

②当以75%最大摄氧量强度持续运动时达到疲劳时，CP储量可降到安静值的20%左右，ATP储量则略低于安静值；

③当以低于60%最大摄氧量强度运动时，CP储量几乎不下降。这时，ATP合成途径主要靠糖、脂肪的有氧代谢提供。

(3)运动训练对磷酸原系统的影响

①运动训练可以明显提高ATP酶的活性；

②速度训练可以提高肌酸激酶的活性，从而提高ATP的转换速率和肌肉最大功率输出，有利于运动员提高速度素质和恢复期CP的重新合成；

③运动训练使骨骼肌CP储量明显增多，从而提高磷酸原供能时间；

④运动训练对骨骼肌内ATP储量影响不明显。

(二)糖酵解供能系统

糖原或葡萄糖无氧分解生成乳酸,并合成ATP的过程为糖的无氧代谢,又称为糖酵解。糖酵解供能是机体进行高强度剧烈运动时的主要能量系统,其基本代谢途径如图1—1所示。

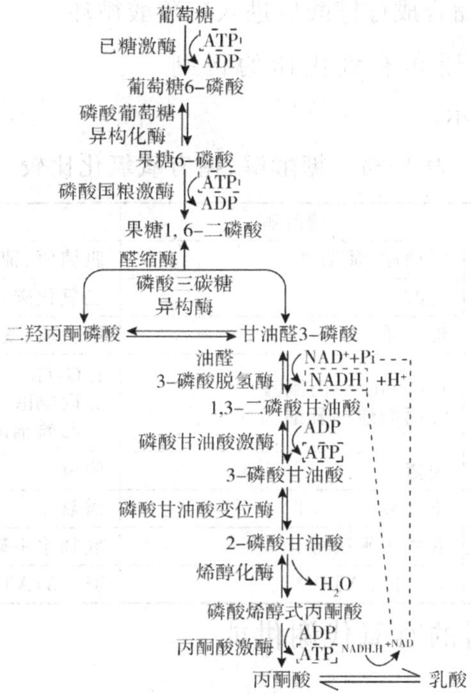

图1—1　糖酵解的基本代谢途径

功率:每千克干肌每秒1毫摩尔～P。

维持最大功率的时间:2分钟以内。

与运动项目的关系:速度、速度耐力项目;200～1500米跑、100～200米游泳,短距离速滑等项目;摔跤、柔道、拳击、武术等。

(三)有氧代谢供能系统

在氧的参与下,糖、脂肪和蛋白质氧化生成二氧化碳和水的过程,称为有氧代谢。

1. 糖有氧氧化供能

(1)细胞质内反应阶段

反应过程及参与的酶与糖酵解生成丙酮酸的完全相同,但丙酮酸和

3—磷酸甘油醛脱氢生成的 NADH·H+，可经不同方式进入线粒体继续氧化。

(2)线粒体内反应阶段

丙酮酸在丙酮酸脱氢酶系作用下氧化脱羧生成乙酰辅酶 A。乙酰辅酶 A 与草酰乙酸缩合成柠檬酸后进入三羧酸循环。

2. 糖无氧代谢和有氧代谢的区别

如表 1—4 所示。

表 1—4　糖酵解、糖有氧氧化比较

	糖酵解	有氧氧化
底物	肌糖原、葡萄糖	肌糖原、葡萄糖
产物	乳酸	二氧化碳、水
反应部位	细胞质	细胞质、线粒体
反应主要阶段	1. G(Gn)—丙酮酸 2. 丙酮酸—乳酸	1. G(Gn)—丙酮酸 2. 丙酮酸—乙酰辅酶 A 3. 乙酰辅酶 A—CO_2、H_2O
氧化方式	脱氢	脱氢
反应条件	不需氧	需氧
ATP 生成方式	底物水平磷酸化	底物水平磷酸化、氧化磷酸化
ATP 生成数量	3ATP、2ATP	36(38)ATP

(四)运动时的有氧代谢供能

如表 1—5 所示。

表 1—5　运动时有氧代谢供能情况一览表

	糖	脂肪	蛋白质
底物	葡萄糖、肝糖原、肌糖原	脂肪	支链氨基酸
最大的供能功率	0.5mmolPi·kg 干肌$^{-1}$·秒$^{-1}$	0.25mmolPi·kg 干肌$^{-1}$·秒$^{-1}$	
维持时间	1～2 小时	无限时	
终产物	CO_2、H_2O	CO_2、H_2O	CO_2、H_2O、尿素
运动项目			

(五)运动时供能系统的作用特点

运动时代谢供能的输出功率取决于能源物质合成 ATP 的最大速率。运动中基本不存在一种能量物质单独供能的情况，肌肉可以利用所有能量物质，只是时间、顺序和相对比率随运动状况而异，不是同步利用。最大功率输出的顺序由大到小依次为：磷酸原系统〉糖酵解系统〉糖有氧氧化〉脂肪酸有氧氧化，且分别以近50%的速率依次递减。当以最大输出功率运动时，各系统能维持的运动时间是：磷酸原系统供极量强度运动6～8秒；糖酵解系统供最大强度运动30～90秒，可维持2分钟以内；3分钟主要依赖有氧代谢途径。运动时间愈长强度愈小，脂肪氧化供能的比例愈大。由于运动后ATP、CP的恢复及乳酸的清除，须依靠有氧代谢系统才能完成，因此有氧代谢供能是运动后机能恢复的基本代谢方式。

1. 不同活动状态下供能系统的相互关系

骨骼肌内无氧代谢和有氧代谢供能的一般特点如下：

(1)安静时

安静时，骨骼肌内能量消耗少，ATP保持高水平；氧的供应充足，肌细胞内以游离脂肪酸和葡萄糖的有氧代谢供能。线粒体内氧化脂肪酸的能力比氧化丙酮酸强，即氧化脂肪酸的能力大于糖的有氧代谢。在静息状态下，呼吸商为0.7。表明骨骼肌基本燃料是脂肪酸如图1－2所示。

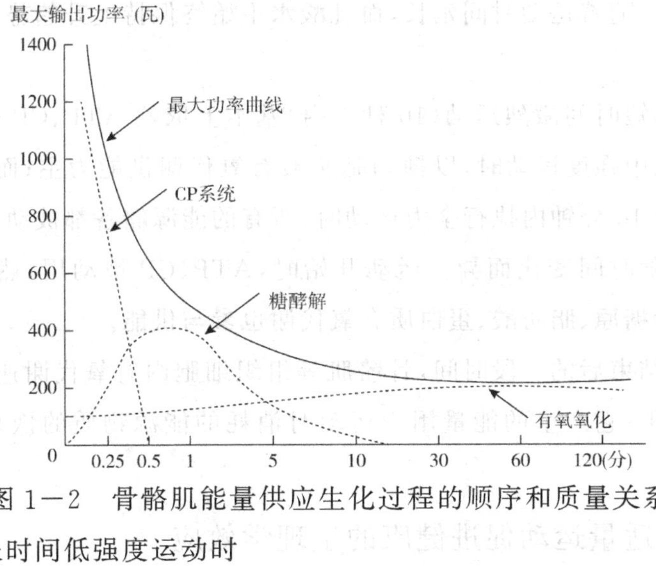

图1－2　骨骼肌能量供应生化过程的顺序和质量关系

(2)长时间低强度运动时

在长时间低强度运动时，骨骼肌内ATP的消耗逐渐增多，ADP水平逐渐增高，NAD＋还原速度加快，但仍以有氧代谢供能为主。血浆游离脂肪酸浓度明显上升，肌内脂肪酸氧化供能增强，这一现象在细胞内糖原量充足时就会发生。同时，肌糖原分解速度加快，加快的原因有两点：①能量代谢加强；②脂肪酸完全氧化需要糖分解的中间产物草酰乙酸协助才能实现。在低强度运动的最初数分钟内，血乳酸浓度稍有上升，但随着运动的继续，逐渐恢复到安静时的水平。

(3)高强度运动时

随着运动强度的提高，整体对能量的要求进一步提高，但在血流量调整后，机体对能量的需求仍可由有氧代谢得到满足，即有氧代谢产能与总功率输出之间保持平衡。在这类运动中，血乳酸浓度保持在较高的水平，说明在整体上基本依靠有氧代谢供能时，部分骨骼肌内由糖酵解合成ATP。血乳酸浓度是由运动肌细胞产生乳酸与高氧化型肌细胞或其他组织细胞内乳酸代谢之间的平衡决定的。

(4)短时间激烈运动时

在接近和超过最大摄氧量强度运动时，骨骼肌以无氧代谢供能。极量运动时，肌内以 ATP、CP 供能为主。超过 10 秒的运动，糖酵解供能的比例增大。随着运动时间延长，血乳酸水平始终保持上升趋势，直至运动终止。

总之，短时间激烈运动(10 秒以内)基本上依赖 ATP、CP 储备供能；长时间低、中强度运动时，以糖和脂肪酸有氧代谢供能为主；而运动时间在 10 秒至 10 分钟内执行全力运动时，所有的能源储备都被动用，只是动用的燃料随时间变化而异。运动开始时，ATP、CP 被动用，然后糖酵解供能，最后糖原、脂肪酸、蛋白质有氧代谢也参与供能。

运动结束后的一段时间，骨骼肌等组织细胞内有氧代谢速率仍高于安静时水平，它产生的能量用于运动时消耗的能源物质的恢复，如磷酸原、糖原等。

(六)适量运动促进健康的生理学效应

1. 改善心血管的功能

运动时需要大量的氧气和营养物质，另一方面也需要排出二氧化碳等代谢产物，这就需要有一个强有力的循环系统。运动不仅可以加强新陈代谢，还能改善血管的弹性，提高血流量，促进血液循环，增大心脏容量，提高机体的摄氧能力。由于每搏输出量的不同，安静时一般人心率为60～80次/分钟，而经常进行适量运动的人为50～60次/分钟甚至更少。心脏跳动次数少了，心脏休息时间就增加了，这标志着心脏功能的储备能力得到了提高，使人体能够承受更大的负荷量，且运动后恢复期短。

研究表明，心率在110次/分钟以下的运动负荷时，机能的血压、心电图等多项指标没有明显变化，健身价值不大；心率在130次/分钟运动负荷时，每搏输出量接近和达到一般人的最佳状态，健身效果明显；心率在150次/分钟的运动负荷时，每搏输出量开始出现缓慢下降，当心率随运动负荷增加到160～170次/分钟之间时，虽无不良的异常反应，但也未能呈现出更好的运动效果。因此，只有当运动时的平均心率在120～150次/分钟之间波动，锻炼时间达到20～60分钟，每周至少运动3～5次，才能取得理想的健身效果，才有利于人体身心健康。

2.体育锻炼使运动系统产生良好的适应性变化

人体的运动系统由肌肉、骨骼、关节和韧带组成。机体之所以能够进行各种各样复杂精细的运动，其原动力就来源于那些大大小小的肌肉。按照有机体各器官系统“用进废退”的自然法则，只要通过长期、系统、科学、适量的运动，就能够使运动器官特别是肌肉的毛细血管组织和肌肉内的化学成分与形态结构等发生一系列质的变化。

人体在安静时肌肉每平方毫米内开放的毛细血管数量只有80多条，而在运动时毛细血管的口径增大，肌肉每平方毫米内毛细血管开放量可达2000～3000条，比安静时增加了30多倍，单位时间内通过的血氧量增多，从而给肌肉组织提供更多的营养物质和氧气，与此同时，肌肉在运动后消耗了大量的能量，经过适当休息和摄取营养后肌肉组织就会得到更多的补充，有助于其生长，这种现象生理学上称为“超量恢复”。

运动还能促进骨骼新陈代谢的加强、改善血液循环、增强骨细胞生长能力，使骨的长度增加、骨密度增厚、骨径变粗，骨组织的机械稳定性加强，使骨骼的抗拉、抗压、抗扭转性能增强。

二、运动疲劳的产生与消除

参加体育锻炼以及运动训练和比赛到一定程度的时候，人体就会产生工作能力暂时降低的现象，这种现象称为运动性疲劳。

运动性疲劳是运动本身引起的机体工作能力暂时降低，经过适当时间休息和调整可以恢复的生理现象，是一个极其复杂的身体变化综合反应过程。疲劳时工作能力下降，经过一段时间休息，工作能力又会恢复，只要不是过度疲劳，并不损害人体的健康。所以，运动性疲劳是一种生理现象，对人体来说又是一种保护性机制。但是，如果人经常处于疲劳状态，前一次运动产生的疲劳还没来得及消除，而新的疲劳又产生了，疲劳就可能积累，久而久之就会产生过度疲劳，影响运动员的身体健康和运动能力。如果运动后能采取一些措施，就能及时消除疲劳，使体力很快得到恢复，消耗的能量物质得到及时补充甚至达到超量恢复，就有助于训练水平的不断提高。

（一）疲劳产生的原因及意义

体育运动科研人员对疲劳进行了大量的研究，提出了运动性应激的负效应可能是导致运动性疲劳发生的根本原因，如代谢基质的耗竭、代谢产物的堆积、代谢环境的改变等。

目前，运动生化研究对于运动性疲劳的定义是：机体的生理过程不能维持其机能在某一特定水平或不能维持预定的运动强度。而力竭是疲劳的一种特殊形式，是在疲劳时继续运动，直到肌肉和器官不能维持运动。

这个“疲劳”的定义具有两个特点：①把疲劳时体内组织、器官的机能水平和运动能力结合起来评定疲劳的发生和疲劳的程度；②有助于选择客观的指标来评定疲劳。通过这个定义，可以对运动员的疲劳进行客观地评价，这也是关于疲劳在运动实践中重要的应用。

体育锻炼后身体会产生一定的疲劳感，这主要表现在三个方面：

(1)肌肉疲劳:肌肉力量下降,收缩速度放慢,肌肉出现僵硬、肿胀和疼痛,动作慢、不协调。

(2)神经疲劳:反应迟钝,判断错误,注意力不集中。

(3)内脏疲劳:呼吸变浅变快,心跳加快等。

由于运动量不同,每个人的情况不一样,产生的疲劳也有不同程度之分。一般将疲劳分成三个层次:轻度、中度和重度疲劳。轻度疲劳可以在短时间内消除;中度疲劳通过采取一系列手段也很快能消除,不会影响身体;但如果重度疲劳不能及时消除,就会影响学习和生活,损伤身体。研究证明,运动员提高体育成绩最关键的两个条件是运动训练的科学性和恢复手段的有效性,由此可见消除疲劳、恢复体力的重要性。

运动性疲劳在人体中可以分为躯体性疲劳和心理性疲劳。这两种不同性质的疲劳有其不同的表现,躯体性疲劳主要表现为运动能力的下降;心理性疲劳主要表现为行为的改变。按不同运动项目的物质能量代谢特点,可将运动项目分为五种代谢类型,即磷酸原代谢类型、磷酸原糖酵解型、糖酵解型、糖酵解有氧代谢型、有氧代谢型。不同运动项目的疲劳存在一定的规律性,短时间最大强度运动的疲劳是由于肌细胞内代谢变化导致 ATP 转换速度下降或一部分运动单位不能参加收缩所致,长时间中等强度运动疲劳往往与能源储备动用过程受抑制有关。

(二)运动性疲劳的消除

运动时和运动后供能物质量的变化,是消耗和恢复过程保持平衡的结果。运动时以消耗过程为主,恢复过程跟不上消耗过程,表现为能源物质数量下降;运动后休息期,以恢复过程为主,消耗过程下降,能源物质逐渐恢复,达到或超过原来水准。在训练期应根据训练的目的、身体内消耗的主要能源物质,选择最适宜的休息间歇,并在这期间增加被消耗能源物质的补充或采取其他有关的措施,以加速恢复过程。力竭运动后物质的恢复时间如下:

①肌肉中磷酸原恢复。最短 2 分钟,最长 3 分钟。

②氧合血红蛋白恢复。最短1分钟，最长2分钟。

③长时间运动后肌糖原恢复。最短10小时，最长46小时。

④间歇训练后肌糖原恢复。最短5小时，最长24小时。

⑤活动性休息时肌肉和血液中乳酸消除。最短30分钟，最长1小时。

⑥静坐休息时肌肉和血液中乳酸消除。最短1小时，最长2小时。

运动疲劳的消除可以通过以下途径来进行。

1.通过使肌肉放松来消除疲劳

用各种方法使肌肉放松，改善肌肉血液循环，加速代谢产物排出及营养物质的补充如整理活动、水浴、蒸汽浴、桑拿浴、理疗、按摩等。

整理活动是消除疲劳、促进体力恢复的一种良好方法。教练员、运动员应给予足够的重视。剧烈运动后进行整理活动，可使心血管系统、呼吸系统仍保持在较高水平，有利于偿还运动时所欠的氧债。整理活动使肌肉放松，可避免由于局部循环障碍而影响代谢过程。

整理活动应包括慢跑、呼吸体操及各肌群的伸展练习。运动后做伸展练习可消除肌肉痉挛，改善肌肉血液循环，减轻肌肉酸痛和僵硬程度，消除局部疲劳，对预防运动损伤发生也有良好作用。

按摩也是有效的恢复手段。负担量最大的部位应是按摩的重点，肌肉部位以揉捏为主，交替使用按压、抖动、扣打等手法，在肌肉发达的部位可用肘顶、脚踩。关节部位不仅是运动的着力点，也是运动的枢纽，应以按摩为主，穿插使用按压、搓和揉拉。按摩应先全身后局部，全身性按摩一般取俯卧位。根据专项不同，如局部运动负担过重，需重点按摩，应在全身按摩之后再进行。在按摩肢体时，先按摩大肌肉群后按摩小肌肉群。如按摩下肢，应先按摩大腿肌肉后按摩小腿肌肉，以提高肌肉韧带的工作能力，加速疲劳时的肌僵硬紧缩和酸胀痛的代谢产物的排除，改善血液循环和心脏收缩功能。

2.通过调节神经系统机能状态来消除疲劳

(1)睡眠是消除疲劳、恢复体力的好方式。睡眠时大脑皮层的兴奋过程降低，体内分解代谢处于最低水平，而合成代谢过程则相对较高，有利于体内能量的蓄积。

成年运动员在平时训练期间，每天应有8～9小时的睡眠。在大运动量和比赛期间，睡眠时间应适当延长。青少年运动员的睡眠时间应比成年运动员长，必须保证每天有10小时的睡眠。

入睡前，应注意这几点：①就寝前尽量使精神状态趋于平静；②避免外界刺激；③室内空气保持新鲜；④就寝前应泡脚，使大脑得以休息，有助于尽快入睡，使疲劳快速消除。

(2)健身后进行温水淋浴是最简单易行的消除疲劳方法。温水浴可促进全身的血液循环，调节血流，加强新陈代谢，有利于机体内营养物质的运输和疲劳物质的排除。水温42℃左右为宜，时间为10～15分钟，勿超过20分钟。训练结束半小时后，还可进行冷热水浴。冷水温为15℃，热水温为40摄氏度。冷水淋浴1分钟，热水淋浴2分钟，交替3次。

(3)心理恢复主要是意念活动，通过一定的套语暗示进行导引，使肌肉放松，从而调节植物性神经系统的机能，然后再运用带有一定愿望的套语进行自我动员，如暗示性的睡眠休息、肌肉松弛、心理调节训练。实践证明，采用上述方法能促进身体疲劳的尽快消除，加快身体的恢复过程。另外，舒适幽雅的环境、听音乐等也有助于人们消除疲劳。

3.通过补充机体在运动中大量失去的物质来消除疲劳

(1)使用中药，如黄芪、刺五加、参三七等，都具有调节中枢神经系统的功能、扩张冠状动脉和补气壮筋的作用，对促进疲劳的消除有较好的效果。

(2)运动中产生疲劳的重要因素之一，就是能量供应不足，运动中各种营养物质消耗增加，运动后及时补充有助于消除疲劳，恢复体力。疲劳时应注意补充能量和维生素，尤其是糖、维生素C及B_1，夏季或出汗较多时，应补充盐分与水。食品应富有营养和易于消化，并尽量多吃些新鲜蔬菜、水果等碱性食物，但不同性质的运动项目需要不同营养。速度性的项目应供给含较多易吸收的糖、维生素B_1，和维生素C的蛋白质和磷；耐力性的项目要多供给糖以增加糖原储备，还要增加维生素 B_1、维生素 C 和磷；力量性的项目需要增加蛋白质和维生素 B_2，因此在运动中适时补充有关营养物质，既能提高身体的抗疲劳能力，又有助于运动疲劳的消除。

人们食用适量的酸性食品和碱性食品，将会维持体液的酸碱平衡，但食品若搭配不当，则会引起生理上的酸碱失调。在营养学的角度上，酸性食物和碱性食物实际上是针对它们对人体酸碱平衡的影响而言的。当食品搭配不当，酸性食品在膳食中超过所需的数量时，导致血液偏酸性、粘度增加，这会使机体感到疲劳，影响身体健康。同时体液酸化还会动员骨骼里的钙质游离出来，导致骨质流失，引起缺钙。因此，运动后应注意食物的酸碱搭配，这样才有利于运动疲劳的消除。

第二章 体育运动与营养探究

第一节 合理营养在竞技体育和健身运动中的作用

运动能力受训练、健康和遗传等多种因素的影响，合理营养是其中的一个重要并且可操作的因素。营养虽不能替代训练或遗传，但合理营养是训练的基础和保证，合理营养与科学训练相结合，能明显提高运动员的功能、健康水平和竞技能力；相反，膳食营养不当会降低运动能力。

竞技体育运动训练时的体力负荷大，机体处于生理的应激状态。剧烈运动时体内会发生一系列变化，如能量大量消耗、神经活动紧张、氧化还原过程加强、肾上腺皮质和髓质等激素分泌增加、酶活性也加强、酸性代谢产物堆积等，使人体的营养素代谢和需要量随之产生变化。现已证实，合理营养有利于调节应激状态、调节器官功能，提供运动中急需的能量，使运动时体内许多代谢过程得以顺利进行，能提高运动能力并促进运动后的体力迅速恢复。合理营养还有助于解决运动训练中的一些特殊医学问题，例如运动员的合理减轻体重和控制体重问题；运动员在高原或冷、热环境进行训练或比赛时的特殊营养需要；生长发育期的儿童、青少年、老年人、病人参加运动训练，均有不同的生理问题，需要特殊的营养监护，以保证训练和健康。

随着经济发展和人们生活方式以及饮食的明显变化，包括体力活动减少和动物性食物消耗量成倍地增加，使我国人民的疾病谱也发生显著变化。大量研究的成果证实，绝大多数慢性病的发生与体力活动不足以及营养不合理有关。增加体力活动结合合理营养对防治或减少慢性病的危险因素有明确的保护作用。规则的体力活动有利于调节能量平衡，预防体重超重和肥胖，可使男性心血管病的危险降低50%。最活跃人群和静态生活者比较，冠心病的发生约减少一半，发生糖尿病的风险小20%或更多，习惯性的体力活动还与高血压发病率呈反相关。体力活动还能增加胰岛素的敏感度，改进糖耐量，减少成年人发生糖尿病的危险，有益于肌肉骨骼系统的结构和功能，改善独立生活能力，延缓骨质疏松，降低直肠癌和乳腺癌发生的危险。适量运动和合理营养还有促进儿童青少年生长发育、改善心肺功能、提高人的耐力和改进心理状态等显著的健康效益。

一、合理营养是保证运动员健康和良好功能水平的基础

（一）合理营养满足运动生理需要，保证运动员健康

合理营养为运动员提供适宜的能源物质，并保证能源物质的良好利用，使运动员保持适宜的体重水平，运动中的能源物质能够及时合成。任何形式的运动均以热能消耗为基础，能量主要靠糖和脂肪的氧化来提供。随着运动强度的增加，糖原氧化供能的比例会增加，但体内糖原的储备量有限，当体内的糖原储备量很低时，既表明无充足可利用的快速能源物，也表明不能满足高强度运动时需要不断快速合成ATP的要求。因此，运动员的膳食应注意提供丰富的糖类，以保证体内有充足的糖原储备。能源物质在人体内的储存或分解需要一系列辅酶的催化。维生素和微量元素多数是辅酶的组成成分或激活剂，这些营养素的轻度缺乏也会影响运动能力，应保证适量供给。因运动时体内大量产热，引起运动员出汗，随着汗液丢失大量的水分和电解质，应及时补充液体并补充适量的电解质。运动员从事大运动量训练时，如果缺少合理营养的保证，不仅影响运动能力，还会影响健康。

此外，肌肉纤维中能源物质（糖原）的水平与运动外伤的发生有直接的关系。当快收缩肌纤维中糖原耗尽时，人体控制运动的能力受到损害，

运动外伤的发生增加，注意运动前体内有充足的糖原储备和运动中及时补糖，将起到预防外伤的作用。

（二）营养与运动能力有密切的关系

运动能力下降与营养因素有关，并能通过合理营养措施延缓疲劳的发生或减轻疲劳的程度。

1. 与运动能力下降有关的营养因素

（1）能源物质耗竭。运动中消耗最直接和最迅速的能源物是三磷酸腺苷（ATP），但人体内 ATP 的储量很小，在运动中需要不断合成，当体内肌糖原大量消耗时，ATP 的合成速度延缓，运动能力下降。

（2）脱水。运动中大量出汗使体液丢失，尤其是血容量减少。

（3）体温增高。不能及时补液会引起体温增高。

（4）酸性代谢产物堆积。使体液偏酸性，抑制磷酸果糖激酶活性，同时使肌质网结合更多的钙离子，影响肌力，并使肌肉输出功率下降，发生疲劳。此外，当血液 pH 值下降时，会降低骨骼肌对乙酰胆碱的反应，影响神经传导，肌肉对等长收缩刺激的紧张性增加，血液缓冲能力下降。

（5）电解质随汗液丢失，会影响肌肉膜电位。

（6）维生素和微量元素的缺失，会影响代谢的顺利进行和身体内环境的稳定性。

2. 合理营养的作用

（1）提供适宜的能源，并使能源物质利用效率提升，例如运动前和运动中合理补液补糖。

（2）运动前和运动中合理补液，可预防运动中脱水和体温增高。

（3）通过合理营养措施控制体重，可成为比赛胜负的关键因素。

（4）适当使用营养补充物有利于提高运动能力。

（三）合理营养可促进运动后的恢复过程

体力负荷后的恢复及其速度，关系到下一次训练或比赛的效果。合理营养措施促进恢复是医学恢复手段的一个重要方面。营养恢复的重点在于恢复消耗的能量、体液和身体的代谢能力，包括肌肉和肝脏的糖原储备、液体、关键酶的浓度（维生素B复合体和微量元素等）、元素（包括钠、钾、钙、镁、铁）的平衡，以保证细胞膜的完整性、碱储备、电荷正常以及红细胞的合成。剧烈运动后采用及时、合理的营养措施可加快恢复速度。通常情况下，完全恢复需要几小时甚至数日，但及时补糖、补液及其他一些必需的营养物质，则可获得最大程度和最快的恢复。

二、运动员合理营养的基本要求

目前，国内外强调的是能量适宜且能获得最佳的体重和体脂以及多样化的膳食，具体如下：

(1)食物在数量上应满足运动训练或比赛的消耗，使运动员能保持适宜的体重和体脂；膳食的质量应满足全面的营养需要，并有合适的营养素配比。一般情况下，蛋白质占总热能的12%～15%，脂肪占30%（少数项目可达到总热能的35%），糖类为总热能的55%～70%。

(2)食物应多样化，保证营养平衡，包括谷类（主食）、蔬菜和水果、奶豆类及其制品、动物性食物（鱼、肉、禽、蛋、水产品等）以及油脂和糖、盐等纯热量食品。一个参加集训队的运动员，当其热能消耗量为14644～18410kJ（3500～4400kcal）时，一日基本食物中应有300～400g主食，500g以上的蔬菜，250～500mL牛奶，少量的豆腐或豆制品，300～400g的动物性食物。热量不足时，可用主食、甜食品或油脂类调节。

(3)食物浓缩，体积重量小，一日总重量不超过2.5kg。

(4)三餐热能应根据训练或比赛任务进行分配。上午训练，早餐应有较高的发热量，食物应含有丰富的蛋白质和维生素。下午训练，午餐要适当加强，但要注意避免胃肠道负担过重。晚餐的热量一般不宜过高，以免影响睡眠。早、午、晚餐的热能比大致为30%、40%和30%左右。大运动量训练中，热能的消耗量达到20922～25106kJ（5000～6000kcal）或更多时，可考虑加餐，应加点心或营养密度高的食物。

(5)运动员的进食时间应考虑消化功能和饮食习惯。大运动量训练或比赛前的一餐应在3h前完成。正常情况下，胃的排空时间是3～4h，精神紧张或进食难消化的食物，胃的排空时间可延缓到5～6h。提前进餐的目的在于使运动员在剧烈运动时上消化道的食物已基本排空。剧烈运动前不宜吃得过饱，对于一些接触性的运动项目、运动中有冲撞等，运动员尤应注意。运动后人体的血液相对集中于肌肉和皮肤等器官，为使心、肺功能恢复到相对平静，并使消化道有一定的准备，运动后的进食时间应安排在结束的30min后，剧烈运动后切忌暴饮暴食。

(6)食物烹调应避免营养素的损失，并做到色、香、味俱佳，从而增加食欲。剧烈运动后的食欲有时会抑制，应注意摄入充足的能量。

(7)运动员在摄入营养平衡和质量良好的膳食情况下，一般无需再补充营养品。在预防营养不足对运动能力影响的同时，也应防止营养过度的不良影响，例如过多的热能、动物性油脂可引起体重增加、血脂增高和心、脑血管疾患。补充过多的维生素A或维生素D，会引起中毒。摄入过多食盐，可引起血压增高，对健康不利。

第二节 运动员的热能代谢、需要量及其评定

一、运动员热能代谢的特点

体育运动的热能代谢具有强度大、消耗率高和伴随不同程度氧债等特点。若以相对代谢率来比较，运动时的热能消耗为安静时的2～3倍，甚至达上百倍以上(表2—1)。但运动训练和重体力劳动不同，其常集中于短短的几小时内。若将集训队运动员在1h训练课内的热能消耗量与国内不同强度体力劳动比较，可发现多数项目运动员在训练时间内的热能消耗量均相当于或超出重体力或极重体力劳动强度的消耗。

表 2—1　不同运动的热能消耗率和相对代谢率

运动项目	热能消耗率(kcal kg^{-1} min^{-1})	相对代谢率
准备活动(上肢)	0.0711±0.0035	2.7
准备活动(下肢)	0.1244±0.0043	5.6
杨氏太极拳	0.1002±0.0022	4.3
吴氏太极拳	0.0814±0.0079	3.3
太极剑	0.1194±0.0134	5.3
少林拳	0.1914±0.0171	9.3
自由体操	0.2774±0.0228	13.9
体操技巧	2.0999±0.0817	112.4
举重(抓举 90 kg)	2.1399±0.2708	133.0
(挺举 110 kg)	1.3924±0.0529	86.0
摩托车(平地驾驶)	0.0495±0.0023	2.6
越野跑	0.1361±0.0077	7.1
越野跳跃	0.1382±0.0130	7.2
越野上下坡	0.1341±0.0117	7.0
芭蕾舞基本功	0.1025±0.0196	4.6
训练课	0.1063±0.0274	8.0
双人舞	0.1547±0.0294	7.5
单人舞	0.1901±0.0313	9.5
东方歌舞团舞蹈	0.1832±0.0297	9.1
中央歌舞团舞蹈	0.1794±0.0516	8.7

1kcal=4.1844kJ

影响运动热能代谢的因素较复杂,但主要取决于不同类型运动的强度、密度(间隙时间)及持续的总时间,亦与运动员的体重、年龄、训练水平、营养状况、环境等多种因素有关。训练程度高者,运动功效高,能量消耗少。

二、运动热能消耗的测定方法

(一)直接测热法

直接测热法要在一种特备隔热严密的测热室中进行,室外围有吸热水管,被试者在室内进行各种动作,借室外水管内循环水的量及温度差,计算出机体在一定时间内,向外发散的热量。此种方法虽然精确,但需要特殊的装备及人力,价格昂贵,而且不适用于短时间的运动。

(二)间接测热法

间接测热法是实际中应用较普遍的一种方法,此法是将一定活动时间内的呼出气体收集在橡皮气囊中,用气体流量计测量出气体的量,再分析气体中 O_2 及 CO_2 的成分,求出呼吸商,根据不同呼吸商的氧热价计算运动单位时间内的热能消耗。也有学者直接采用氧消耗量计算热能消耗。目前国外已有采用先进仪器研究劳动能量代谢的报告,可在劳动中测量出气体体积,并能做到气体自动取样。此种仪器尚未普遍使用。

1.热能消耗测定

运动的热能消耗测定,应在空腹或饭后 2~3h 后进行,实验前,受试者不能做剧烈的体力活动或吸烟,一般步骤如下:

(1)使受试者在实验前了解要求,适应各种实验器材,并在实验前有 30min 以上的休息时间。

(2)测定安静座位时的气体代谢 10min。

(3)测定各种不同运动时的气体代谢。

(4)测定运动恢复期的气体代谢。恢复期采气时间的长短根据偿还氧债所需要的恢复时间而定。对运动强度较小,气体代谢可维持稳定状态者,不需要测定恢复期气体代谢,因为运动时氧的吸收量已满足需要,机体不负氧债。

凡运动时间极短(几秒钟)或运动时基本上处于闭气状态的运动项目,在测定热能消耗时,可以不收集运动时的呼出气体,运动的热能消耗完全以恢复期偿还氧债时所消耗的能量计算,公式如下:

运动的热能消耗率(KJ/min)=恢复期总热能消耗量(KJ)－安静时热能消耗率(KJ/min)×恢复时间(min)运动时间(min)

为比较各种运动的强度,可采用运动的相对代谢率表示,相对代谢率按下列公式计算:

运动的相对代谢率＝运动的热能消耗率－安静的热能消耗率

2. 心率间接测定法

心率间接测定法是在采用间接测热法的同时，进行运动全过程的心率测定，测出运动的热能消耗率与心率，求出相关系数和回归方程式，以后则可用心率间接推算热能消耗量。

3. 双标水测定能量消耗法

双标水测定能量消耗法是80年代出现的能量消耗测定方法，又称双标水（Double Labeued Water，DLW）方法。该法的优点是在测定过程中几乎不影响受试者的活动，因此特别适用于不容易合作或活动不能受到限制的研究对象，如婴幼儿、儿童、运动员等的能量消耗测定。我国也已引进此法，并用以测定儿童体操运动员的能量消耗。

三、运动的能量来源

运动中的能源物常是混合性的。最大强度运动的能量来源主要是ATP，但骨骼肌的ATP的储备量很小，每千克湿肌仅为4.6～6.0 mmol/L，只能维持0.5 s最大强度肌肉收缩的能量。体内储存的磷酸肌酸量，每千克湿肌约17 mmol/L，也只能满足几秒钟剧烈运动的需要。ATP－CP的容量虽小，但其供能直接、迅速。运动中ATP消耗后需要不断补充，ATP的补充主要通过磷酸肌酸反应、糖的无氧酵解和蛋白质、脂肪、糖的有氧氧化代谢途径实现。ATP－CP的最终来源是食物中的糖类、脂肪和蛋白质三大能源物质。运动中的主要能源是糖和脂肪酸，两者供能的比例取决于运动强度；运动强度达到最大吸氧量的75%或以上时，糖氧化供能的比例增加，运动强度降低至最大吸氧量的65%以下时，脂肪供能的比例增加。体内脂肪酸的氧化利用必须在有氧条件下进行，运动强度加大、缺氧严重时，则利用很少（表2－2）。运动中能源物质代谢情况可由呼吸熵值、血液中能源基质（包括葡萄糖、自由脂肪酸、乳酸、甘油等）流出率、激素水平和肌肉活体组织检查等技术途径来了解。

表 2—2　骨骼肌细胞利用的能量系统

系统	利用情况	运动举例
三磷酸腺苷(ATP)	所有情况	各种投掷、跳、百米跑等高强度运动
磷酸肌酸(CP)	运动开始时,极限强度运动及其后短间歇	各种投掷、跳、百米跑等高强度运动。高强度有间隙的运动训练
无氧糖酵解(糖)	高强度运动,尤其是 30s～2min 的运动	200m 计时跑
有氧糖分解(糖)	运动持续 2min～5h,强度越大,利用越多	篮球、排球、游泳、慢跑等
有氧脂肪利用	持续时间长的低强度运动	长距离跑步、游泳和骑车
有氧蛋白质利用	所有低强度运动	长时间耐力性运动

四、运动员的热能需要量及其评定

(一)运动员的热能需要量

运动员一天热能的总消耗量由静息消耗(RMR)、运动消耗(Thermic effect of exercise,TEE)、食物的生热效应(Thermic effect of food,TEF)以及适应性生热作用(Facultative thermogenesis)四部分组成。

对一般非运动人群而言,RMR 占每日总消耗的比例最大,约为 60%～75%,但运动员由于运动训练的能量消耗多,使 RMR 的比例相对减少。

运动的热能消耗(TEE)代表高于基础代谢水平的体力活动所需的能量消耗。一个中等强度活动的人,TEE 约占总能量消耗的 15%～30%。在能量消耗的组成成分中,TEE 的变异最大,也最容易使之发生变化,高强度运动时能量消耗增加可能达到 RMR 的 10～15 倍。运动员的 TEE 因运动量(包括运动强度、密度、运动持续时间)的不同有很大的差异。集训队运动员在训练课内的能量消耗范围是 1255～10878 kJ(300～2600 kcal)平均是 418 kJ(1000 kcal)左右。

食物生热效应(TEF)是指进餐后数小时内发生的超过 RMR 的能量消耗,以前称为食物特殊动力主作用,这是由于摄入蛋白质、脂肪和糖三种能源物质引起的生热效应,即食物在消化、转运、代谢和储存过程中消耗能量的结果。TEF约占总热能消耗的10%,运动员膳食中蛋白质占总热能的百分比较高,常采用基础代谢的15%计算。

适应性生热作用也称为兼性生热作用,是能量消耗的另一个重要部分,在人体还很难证明这一现象。此生热作用低于一日总消耗的10%～15%,但可能对长期体重变化有重要影响。适应性生热作用是由于环境温度、进餐、情绪应激和其他因素变化引起的能量消耗。

(二)运动员热能营养的评定

对成年运动员热能营养的评定,最简易的方法是监测体重的变化。正常情况下,热能摄入量与消耗量相适应时,体重保持稳定;摄入热能量大于消耗量,则体重增加,相反,体重会减轻。运动员经过系统的力量训练,肌肉增长也会引起体重增加,而大量出汗可使体重减轻1～3 kg或更多,但在合理补液情况下,由于出汗而减轻的体重应在24～48 h内恢复。此外,运动员由训练的过渡期进入准备期或经过大运动量训练后,脂肪细胞缩小以及失水,也可使体重略为减轻。

系统的运动训练使身体内的瘦体重(指肌肉、骨骼、内脏、体液、糖原等)成分增加,与此同时,脂肪体重减少。

运动员体重和体脂同时增加,表明运动量不足或摄入热能过多,常见于因发生外伤而不能进行正常训练的情况。体重增加,尤其是体脂增加,不利于灵活、高难动作和耐力运动的完成,对健康也不利。体重增加而体脂百分比减少或不变时,表明体内瘦组织成分增加,肌肉增长,运动员瘦体重增加的同时,其运动能力也有提高;当体重和体脂均减少时,应在除外疾病情况下,分析是否运动量过大、食物热能摄入量未能满足需要。运动员热能摄入量不足的情况常见于大运动量消耗未能获得适宜的补充,大运动量训练后因疲劳使食欲下降。运动员因采取控制饮食措施来减体重或长期控制体重时,也会造成热能营养不良。长期热能营养不良可引起消瘦、运动无力、免疫功能减弱、多种营养素缺乏,从而损害运动能力和健康,应及时发现,找出原因并纠正。

五、热能营养与运动能力

运用能量代谢的原理，指导运动员的饮食和训练，可以提高运动能力和健康水平。

首先，应通过掌握能量代谢平衡情况来控制体重，并使体重维持在最佳运动能力的适宜水平。采用热能负平衡来减轻体重时，必须以不影响运动能力为前提，消耗体内多余的脂肪，保证体内的蛋白质、无机盐、维生素和微量元素等营养平衡。

其次，指导训练。耐力性运动中主要依靠有氧系统供能，耐力项目运动员应加强有氧能力的训练，如最大吸氧量和脂肪利用率等能力。力量、速度性项目应加强无氧能力的训练，如最大乳酸值和耐乳酸能力。

再次，饮食中的能源物质可影响疲劳的产生。赛前高糖饮食有助于预防和推迟疲劳的发生。赛前高脂肪和高蛋白饮食可使疲劳提前发生。

最后，摄入热能过多，会引起体脂增加，对运动和健康都不利。热能营养不足，体重下降、无力，会严重地影响运动能力，同时使人的免疫功能减弱，发生各种疾病。能量不足时常合并其他营养素的缺乏，例如会发生缺铁性贫血、牙病及便秘等。因此，应控制热能的摄取。

第三节 运动与无机盐和微量元素营养

一、概述

无机盐是生命过程所必需的一组无机元素的总称，根据它们在人体中的含量分为常量元素和微量元素两大类。

(一)常量元素

常量元素占全身体重的 1/10000 以上，包括钙、磷、镁、钠、钾、氯等。

(二)微量元素

微量元素占全身体重的1/10000以下。目前已被确认的人体必需的微量元素有铁、碘、铜、锌、锰、钴、钼、硒、铬、镍、锡、硅、氟、矾十四种。存在于人体内的这些必需微量元素有两个重要特征:第一,生物学效应均具有剂量依赖性关系。微量元素必须从体外摄取,并排出体外,不会消失于代谢本身。因此,应保持摄入适宜量的微量元素。过多摄入时会中毒,摄入不足时,又会造成缺乏。第二,微量元素之间存在的相互作用是相当复杂的。例如,摄入锌过量时会抑制肠对铜和铁的吸收;当膳食中铁与锌的比值达到10∶1时,锌的吸收则受到抑制。但适量的锌营养能阻止铁的共隔室封闭,防止铁催化自由基反应引起的氧化损伤。此外,铁和锰两种微量元素在肠道吸收过程中虽有相互干扰作用,但两者能协同促进生血。了解以上所述微量元素的基本特征,对指导运动员实施微量元素补充措施具有重要意义。生物体内无机盐的生理作用有四方面:①构成机体组织的重要材料;②参与维持细胞的渗透压和体内酸碱平衡;③某些无机离子,如钾、钙、镁的适当比例,是维持神经肌肉兴奋性和细胞膜通透性的必要条件;④构成功能蛋白质的成分,是许多酶的激活剂或组成成分。

二、运动与钙、磷营养

(一)运动与钙营养

1.钙在体内的分布和功能

机体内约99%的钙是以结合形式存在于骨骼中,1%以离子形式存在于血液、细胞外液等体液中,是钙的活性形式。钙在神经冲动传导,肌肉收缩酶的激活,血液凝固以及维持细胞膜完整性等生理过程中发挥着重要作用。钙离子是激活磷酸化酶激酶的必需元素,在糖原的分解代谢中发挥着重要作用,与能量代谢过程密切相关。

2.钙营养、运动与骨健康

钙缺乏可能导致肌肉抽搐,钙营养不良可能导致骨密度降低。钙摄入不足，对需要维持低体重的女子体操、长跑运动员以及芭蕾舞女演员等的骨骼健康尤为不利，会形成由于进食紊乱、闭经和骨质疏松所致的三重综合征。此外，长期钙摄入不足（$<$400mg/d），可引起继发甲状旁腺功能亢进，分泌的甲状旁腺激素具有促进骨吸收的作用。

3. 运动员的钙需要量

雌激素水平下降导致肠道钙吸收减少、尿钙排泄增加、骨吸收增加，加上运动员钙摄入量不足和汗液排泄钙增加，均会使运动员的钙需要增加。我国儿童青少年运动员的每日钙供给量建议是 7～11 岁为 0.8～1.0g/d，12～18 岁为 1.0～1.2g/d，并要求乳酸钙至少占 30%以上。成年人一般训练期为 0.8g/d，比赛期为 1～1.5g/d。

4. 钙的食物来源

营养调查资料表明，我国运动员钙摄入不足的问题较普遍。为预防钙营养不良，应注意改善运动员的钙营养状况，尤其应加强控制女运动员的钙营养，增加富钙食品，如牛奶及奶制品、海产品、豆腐、豆浆、豆类及其制品和绿色蔬菜等。牛奶含钙量最丰富，且吸收率高，若运动员不能耐受牛奶，可试用酸奶、钙制剂或添加乳糖酶等措施。

（二）运动与磷营养

1. 磷在体内的分布及功能

磷与钙共同构成骨的主要成分。磷化合物是机体能量转换的中心物质，存在于 ATP 和磷酸肌酸中的高能磷酸键起着储能作用，体内的 B 族维生素必须与磷结合后，才能成为活性的辅酶型。此外，磷脂还是构成生物膜的一个成分。磷缺乏时，可引起 ATP 和磷酸肌酸水平的下降，使肌肉能量代谢受损害。运动量加大时，可能引起磷负平衡，而补充磷酸盐可能加强体内磷酸化过程，从而改善运动能力。

2. 运动员磷的需要量

磷广泛分布于食物中，且吸收率高于钙，所以人类磷缺乏现象较为罕见。磷吸收与维生素 D 营养有关，维生素 D 缺乏时，肠道磷吸收率降低。运动员磷的需要量为 2.0～2.5g/d，力量、耐力以及热能消耗量大的运动项目，磷的需要量可增加至3.0～4.5g/d。

三、运动与铁、锌、铜、硒等微量元素营养

（一）运动与铁营养

1. 铁在人体内的分布及功能

人体内的铁可分为两类。一类是功能铁，指存在于血红蛋白、肌红蛋白以及各种含铁酶或（和）蛋白质，如细胞色素C氧化酶、NADH脱氢酶和琥珀酸脱氢酶等所含的铁，约占全身总铁量的80%以上。这类铁的主要功能是负责氧气的代谢和转运，并参与体内与能量代谢有关的许多代谢过程。另一类是储存铁，约占全身总铁量的20%，主要有铁蛋白和含铁血黄素两种，分布于肝、脾和骨髓中。当代谢需要时，这些储存铁就会被动用，用于合成血红蛋白、肌红蛋白以及含铁蛋白质和酶。

2. 运动对铁代谢的影响

铁在肌肉细胞能量代谢中发挥重要作用。运动增加铁的代谢，长期运动训练使组织铁的储存量明显减少。研究显示，业余运动员在100m跑后，红细胞渗透性增加，滤过率降低。这说明高强度运动后，红细胞破坏的概率大。此外，运动训练可使运动员的肌肉量增加，血红蛋白和含铁酶含量高于正常人等因素，均可使运动员的铁需要量增加。

运动员中缺铁性贫血的发生率较高，但近年来，由于加强了膳食改进和医疗预防措施，运动员缺铁性贫血的检出率已显著减少。

3. 运动员的铁需要量

正常人一天的铁供给量是15mg。推荐运动员一天的铁供给量为：常温条件下训练时20mg（男），25mg（女）；高温下训练时25mg（男），30mg（女）。青少年、耐力性项目、女运动员和控制体重的运动员均为缺铁性贫血的高发人群，应加强医务监督。改善运动员的铁营养状况宜从选择富含铁的食物来解决。大运动量训练期预防性补铁措施应采用小剂量，每日0.1～0.3g，时间不超过3个月，以预防过量补铁引起的中毒。铁中毒时，人体会出现恶心、便秘、胃肠功能紊乱、肝组织中铁剂沉着，严重时可发生肝硬化。

4. 铁营养与运动能力

铁营养与体内氧的运送以及多种生物氧化过程有关。铁营养不良会降低机体的有氧运动能力和耐久力，即使是轻度的缺铁性贫血也可以导致工作能力的降低。每 100mL 血液中降低 1g 血红蛋白，可使次极限量运动负荷后的心率加快 4.7%，运动后的血乳酸水平也显著增加。还有研究发现，缺铁性贫血儿童经铁治疗后，血红蛋白已恢复正常，但血清铁蛋白水平尚未完全恢复前，身体做功能力（PWC170）仍低于正常儿童，继续补铁使血清铁蛋白水平恢复正常后，PWC170 才达到正常儿童组水平。有研究表明，铁缺乏动物不能完成与正常动物相同的工作负荷或进行极限运动。铁缺乏大鼠在补铁后的三天 VO_2max 和血红蛋白水平显著增加，只有到了补铁后五天，大鼠的耐力运动能力和线粒体内含铁酶活性才会显著增加。由此可知，最大吸氧量与血红蛋白浓度密切相关。血红蛋白浓度降低导致氧供应减少是最大吸氧量和极限工作能力下降的原因。次极限负荷运动能力（耐力能力）与肌肉氧化能力密切相关。铁缺乏时引起脱氢酶活性降低和细胞色素含量减少，使呼吸链上电子传递的最大速率减慢，产能效率降低，因此肌肉铁缺乏主要影响耐力。由于铁营养状态直接影响到运动能力，经常监测运动员的铁营养状况，对于保护健康和提高运动能力有重要意义。

（二）运动与锌营养

1. 锌在体内的分布及功能

锌是人体重要的必需微量元素。70kg 体重的成年男子体内锌含量约为 1.4～2.3g，主要分布在肌肉（≥50%），骨骼（≤30%）和皮肤（≤20%），以及血液（红细胞锌占 75%～88%，血浆 12%～22%，白细胞 3%）。锌主要通过构成机体 80 多种酶的必需成分或激活剂发挥其生理作用。其中含锌的碳酸酐酶、乳酸脱氢酶以及胰岛素等都是与能量代谢有关的酶和激素。锌营养与运动能力关系密切，也与机体的生长发育、组织创伤的愈合和机体免疫力等有关。

2. 运动对锌代谢的影响

运动对锌代谢有显著影响。一次剧烈运动后，可明显提高血清锌浓度。资料报道，参加 70km 滑雪越野赛的男运动员的血清锌水平在赛后即可增加 19%，赛后一天恢复到赛前水平。剧烈运动后即刻血浆锌水平的增加，可能是运动引起肌肉损伤，使锌从细胞内逸出，或是运动应激使锌从组织向血液转移所致。运动后休息一段时间后，血浆锌恢复到赛前水平，可能与尿锌的排出增加以及锌重新分布有关。进行长期大运动量训练可能导致运动员低锌血症的发生。

(1)膳食中锌摄入不足和吸收率降低

对运动员膳食调查及膳食中锌摄入量的实测结果表明，运动员的锌摄入量并不低，并且达到正常人 RDA 的两倍，约 30 mg/d，因此锌摄入量不足不是运动员低锌血症发生的主要原因。采用稳定放射性核素 67 zn 示踪技术对运动员锌吸收率测定结果表明，运动使锌吸收减少可能是运动员低锌血症发生的一个重要原因，运动使锌吸收降低的机制尚不清楚，可能与剧烈运动中肠道血流量减少有关。

(2)体表丢失

汗液中含少量的锌，平均浓度为 8μg/L。运动员由体表丢失的锌约为 0.5mg/d。

(3)运动员的锌需要量

正常人的锌需要量为 15mg/d，运动员的锌需要量尚缺乏研究，国内专家推荐为 20～25mg/d。运动员宜从富含锌的食品，如海洋生物以及鲜肉中摄取锌，以保证良好的锌营养状态。

(4)锌营养评价

一种评价方法是通过测定血浆锌和血浆金属硫蛋白水平来综合评价，如当同时存在血浆低锌和低金属硫蛋白水平，表明机体锌减少。另一种评价方法可采用锌耐受试验，即口服一定量锌后测定不同时间内的血浆锌水平。此外，发锌也可作为反映机体长期锌营养状况的指标。

(三)运动与铜营养

1. 铜在体内的分布及功能

正常成年人体内含铜约 150mg(100～200mg)。人体内的铜大部分以结合状态存在，小部分以游离状态存在，约 50%～70%的铜存在于肌肉和骨骼中，20%在肝脏内，5%～10%在血液内，微量存在于含铜酶中。铜参与多种金属酶的组成，其中与能量代谢密切相关的酶有铜蓝蛋白和细胞色素C氧化酶。前者影响铁的吸收、运转和利用。铜缺乏时，也可导致缺铁性贫血的发生，后者与线粒体呼吸链上的耦联磷酸化有关。

2. 运动对铜代谢的影响

有关运动导致血清(浆)铜水平变化的报道不一。有学者发现，安静健康成年人在功率自行车上进行70%～80%最大吸氧量蹬车30min后，即刻的血清铜浓度显著增高，运动后30min恢复至运动前水平。有训练者在功率自行车上进行递增负荷运动直至衰竭，血清铜水平增加的幅度显著高于无训练者，与此一致的结果也见于长时间自行车运动，但也有6km长跑后即刻或跑完后2h血清铜水平无变化的报道。运动员在安静状态下的血浆(清)铜水平也有不同报道，但多数报道提出，运动员的血清铜水平高于非运动员。运动导致机体血清(浆)铜水平变化不一致的可能原因可能有以下几点。

(1)一次急性运动或长期训练可引起机体内铜的重新分布，以适应代谢的需要。运动员的血浆铜水平显著高于非运动员，但红细胞铜含量低于后者。动物实验显示，长期运动训练使肝脏、肌肉中的铜含量增加了27.9%和23.7%，而一次衰竭性游泳运动后，肝、肌肉中的铜含量也分别增加15.1%和9.5%。

(2)运动导致机体消耗铜增加，使运动员处于潜在性缺铜状态。研究发现，高强度训练会增加肠道铜的丢失，汗铜的丢失是运动机体铜丢失的另一个重要途径。据报道，在温度33℃，相对湿度35.7%环境下运动，每升汗液中含铜0.509mg，约占RDA的20.4%；在27.7℃，相对湿度66.2%环境下运动，每升汗液中铜含量达0.974mg，占RDA的38.9%。经常检测运动员的血清(浆)铜水平和铜蓝蛋白活性，对鉴别运动员是否存在铜缺乏是有意义的。

3. 运动员的铜需要量

正常人铜的RDA为2～3mg。运动员的需要是否比正常人高，这点尚不清楚。对于长时间进行高强度训练和比赛，尤其是在高温、高湿度环境下训练的运动员，应注意多摄入一些富含铜的食物，如甲壳类、动物肝、肾、坚果类等食物。

(四)运动与硒营养

硒存在于机体多种蛋白中，如血红蛋白、肌红蛋白、细胞色素氧化酶等，并构成谷胱甘肽过氧化酶和Ⅰ型－5脱碘酶的活性中心，参与机体的抗氧化作用和甲状腺的代谢。运动对硒的代谢尚缺乏研究，但在缺硒状态下运动会加重对生物膜的损伤作用，还会显著降低红细胞膜流动性。硒缺乏时，机体维生素E消耗增多，在硒缺乏状态下剧烈运动会进一步降低血浆维生素E含量，而不在硒缺乏状态下进行剧烈运动会导致自由基代谢增强。补充硒可使细胞色素C氧化酶活性增加，良好硒营养状态的机体在运动应激中能量代谢酶活性高。

第四节　运动与维生素营养

一、概论

(一)维生素的特点

维生素是维持人体正常生理功能所必需的一类化合物，具有三个特点。

第一，此类化合物或其前体都在天然食物中存在。

第二，此类化合物在机体内不提供能量，也不构成身体成分，人体只需少量即能满足维持正常生理功能的需要，但不可缺乏。

第三，维生素一般不能在体内合成或合成数量较少，因此不能充分满足机体的需要，所以必须经常由食物来供给。

(二)维生素的分类

根据维生素的溶解性质，分为水溶性和脂溶性两大类。

水溶性维生素包括维生素C(抗坏血酸)和B族维生素如B_1(硫胺

素)、B_2(核黄素)、B_6(磷酸吡哆醛)、烟酸(尼克酸)、B_{12}(钴胺素)、泛酸、叶酸、生物素等。此类维生素有两个主要特点:一是不在体内储存,当机体内这些营养素充裕时,多余部分便可通过尿液排出,一般不引起中毒;二是构成机体多种酶系的重要辅基或辅酶,参与机体糖、蛋白质、脂肪等多种代谢。

脂溶性维生素包括维生素 A(视黄醇)、维生素 D、维生素 E、维生素 K,该类维生素的特点是体内排泄慢,会在肝脏等器官蓄积,过量摄入可引起中毒。当膳食中短期摄入不足或缺乏时,可动员储存的维生素来维持正常功能的需要。短期缺乏用一般血液指标查不出来。

二、运动与维生素代谢

运动训练加强能量代谢。运动量加大时,维生素需要量增加的幅度超过按热能比例计算的数值。维生素需要增加的原因包括运动训练使胃肠道对维生素的吸收功能下降,汗液、尿液及粪便中排出量增加,体内的周转率加速,高强度运动训练的初期和(或)急性运动训练使能量代谢突然增加等。通常认为,运动员摄取平衡膳食(即能量充足和多样化的膳食)可以满足各种营养素的生理需要量,中、低强度运动训练不会引起维生素营养状况的恶化。

1. 维生素 B_1(硫胺素)

维生素 B_1 在能量代谢(三羧酸循环)和糖代谢生成 ATP 的过程中起重要作用,缺乏时,其代酣物丙酮酸堆积,影响神经系统。丙酮酸会转化成乳酸,乳酸堆积会导致疲劳,损害有氧运动能力,影响正常的神经冲动和传导,并使消化功能和食欲受影响。此外,维生素 B_1 还与乙酰胆碱的合成分解有关,因而又与神经肌肉的正常传导功能有关。正常的神经冲动传导,可使胃肠道的蠕动及消化液的分泌正常,从而保持良好的食欲。

2. 维生素 B_2(核黄素)

维生素 B_2 是一组与细胞呼吸有关酶的组成成分,因此在有氧耐力运动中起重要作用。维生素 B_2 还可能是糖酵解酶的有效功能物质,所以对无氧运动也有作用。维生素 B_2,主要以黄素腺嘌呤二核苷酸(FAD)和黄素单核苷酸(FMP)的形式构成多种酶的辅酶，参与体内的氧化还原过程，与线粒体的氧化产能过程密切相关。维生素 B_2 与维生素 A 配合起来和视力有关，能保护眼睛、皮肤、口舌及神经系统的正常功能。此外，B_2 还参与蛋白质、脂肪及糖的代谢。B_2 缺乏时，会肌肉无力，耐久力受损，容易疲劳，神经兴奋性过度增加或减弱。

3. 维生素 C(抗坏血酸)

维生素 C 参与蛋白质、脂肪和糖的氧化，是体内氢的传递体，参与细胞内的氧化还原反应，是一种强有力的抗氧化剂，对组织呼吸有很大的作用。维生素 C 虽不直接影响耗氧量，但能平衡需氧反应，改善代谢中氧的利用。维生素 C 还参加细胞核中形成脱氧核糖核酸的主要生化反应，维持细胞间质的正常状态并具有合成胶原、儿茶酚胺和肉碱等功能，近期研究证实，维生素 C 有助于抗体形成、增加免疫功能，使 Fe^{3+} 变为 Fe^{2+}，促进机体非色素铁的吸收，并通过将叶酸转变为甲酰四氢叶酸，促进血红蛋白的合成。

4. 维生素 A(视黄醇)

维生素 A(视黄醇)参与糖皮质激素和黏多糖的合成，因此与应激和免疫功能有关。维生素 A 能保护上皮组织健康，尤其是眼结膜(正常视力)、呼吸道及皮肤等。维生素 A 不足时，人体会发生暗适应功能减退，严重缺乏时可导致上皮角化和增生、夜盲症和角膜软化症。充足的维生素 A 能维持正常生长发育，缺乏时生长停滞。

5. 维生素 E

维生素 E 是机体重要的抗氧化剂，与微量元素硒具有协同抗氧化的作用，可保护机体免遭自由基氧化损伤，减少脂质过氧化作用。动物实验发现，维生素 E 是维持骨骼肌、心肌、平滑肌及外周血管系统的结构和功能所必需的维生素，与细胞膜功能有密切的关系。据报道，运动员在高原训练或在低氧压条件下训练，补充维生素 E 有提高最大吸氧量，减少氧债和血乳酸等作用。维生素 E 相对无毒，但过量补充维生素 E 可使白细胞杀菌能力减弱，还可使维生素 K 的需要量增加，当补充量达到 200～1000mg 时，有些人可能有胃功能紊乱、软弱无力等表现。

三、维生素营养与运动能力

维生素参与机体的各种代谢，缺乏或不足时会对运动能力产生不利的作用，即使是轻度的缺乏也会有影响，表现为倦怠、食欲下降、头痛、便秘、易怒、疲劳、活动能力减弱，抵抗力下降，做功量减少，运动效率降低等；进一步缺乏时，可导致生活能力及器官功能衰退。

有实验研究报道，让受试者食用低维生素 B_1、维生素 B_2、维生素 B_6 和维生素 C 的饮食（仅能满足需要量的 1/3 左右），经过 8 周后，这 4 种维生素的血液指标表现出轻度和中等程度的缺乏，运动能力测试结果为有氧做功量降低 16%，无氧阈值降低 24%；当再以 2 倍的维生素需要量进行补充，2 周后，这些受试者的做功能力得到改善，但未能恢复到缺乏前状态，这与体内维生素缺乏状态未获得完全恢复有关。而且有些维生素要在体内变成辅酶后才起作用，所以应在赛前检测 B 族维生素缺乏状态，至少应在比赛的 2～3 周前补充，补充的时间短可能会不起作用。

维生素的缺乏会导致工作能力的下降，校正维生素缺乏或不足状态，可以提高运动能力。但当运动员体内维生素已处于良好水平时，额外补充或超常量（RDA 的 10 倍或更多）补充某一种或几种维生素制剂，效果往往不明确，过量补充某一种维生素会引起体内维生素的不平衡。

运动员在热能营养充足和平衡膳食的情况下，一般不会发生维生素缺乏，但在大运动量训练或减体重期，热能营养不能满足需要时，或添加食物的营养密度不够以及在冬末春初蔬菜水果供应不足时，应适当补充维生素制剂，以预防维生素营养不良。

四、运动员的维生素需要量

维生素 B_1 的需要量与机体运动强度，食物中含量及气温条件等因素有关。体力活动时，B_1 的排出量下降，其被认为是机体的消耗量增加。当食物中 B_1 的摄入量为 2～3m/d 时，运动员血中丙酮酸量比一般人高 30%～40%，为使运动员血中丙酮酸含量保持在正常范围内，B_1 的供给量应增加到 5～10mg/d。此外，运动员 B_1 的需要量还与运动负荷量有关。耐久力和神经系统负担较重的运动项目，如游泳、马拉松、体操、乒乓球等都需要较多的维生素 B_1 营养。B_1 的供给为 5mg/d 时，可使游泳的速度耐久力增加。马拉松运动员每日 B_1 供给量达到 10mg 时，才能保持功能正常。当每日供给量为 4mg 时，乒乓球运动员的尿排出量才能达到正常水平。国内运动员的 B_1 供给量暂规定为训练期 3～5 mg/d，比赛时 5～10mg/d。

维生素 B_2 的需要量也取决于机体的代谢强度和生理病理情况。因年龄、性别、体力活动等不同，维生素 B_2 的需求量也不同。我国运动员的 B_2 供给量为一般训练期 2mg/d，比赛期 2.5～3.0 mg/d。维生素 B_2 超量的危害，目前尚无报道。维生素 B_2 主要集中在少数食物，以肝、肾含量最丰富，牛奶、黄豆和绿叶菜中含量也较多。

维生素 C 的需要量与机体运动强度有关。高强度训练后，体内维生素 C 重新分布，血液维生素 C 的含量升高，脏器内维生素 C 下降，体内储备的维生素 C 减少。运动员维生素 C 的需要量应按运动员运动强度的加大相应增加。防止坏血病发生的最小需要量是 10～20mg/d。国内研究，为使体内维生素 C 达到饱和水平(即口服维生素 C500mg 后，4h 尿排出负荷量的 50%)，训练期的供给量是每日 140mg，比赛期为 200mg。运动员的维生素 C 供给量应为 150～200mg，可采用热能消耗量计算维生素 C 的供给量。正常人每日消耗 4.184KJ(1000cal)热能，需要维生素 C15～18mg。进行极限或次极限强度运动时，每消耗 4.184KJ 热能，需供给维生素 C22～25mg。在进行长时间中等强度的运动负荷时、运动时间超过 2h 以上(如长跑、马拉松等)的耐久力项目，每消耗 4.184KJ 热能，需供给维生素 C30mg。国内专家推荐的运动员维生素 C 供给量为一般训练期 110～150mg/d，比赛期 150～200g/d。

维生素 A 的需要量随机体劳动强度、生理病理情况及视力的紧张程度而变化。国内专家推荐的运动员维生素 A 的供给量是一般训练期为 1500 RE(视黄醇当量)，视力紧张运动项目为 2400RE。

第三章 体育运动的合理营养

第一节 体育运动者的合理膳食营养

一、健身运动的饮食原则与膳食指南

(一)健身运动的饮食原则

人体所需要的一切营养素与热能都是来自食物。因此,饮食营养是构建身体的基础,也是能量的源泉。假如我们将人体比喻为一座建筑物,那么构建这个“建筑物”的建筑材料就是食物中的碳水化合物、蛋白质、脂类、维生素、无机盐与水等营养素成分。

健身锻炼是人体的一个良性刺激,而合理的膳食营养则是人体对于运动刺激作出积极反应的策应。在促进人体健康,提高人体对环境适应能力的过程中,科学的锻炼与合理的膳食营养是相辅相成的。合理搭配膳食才能在保证健康的基础上,提高健身健美锻炼的效率以及获得良好的锻炼结果,要做到这些应该注意以下原则。

(1)要将过去以生存为目的的餐食动机,转变到讲究营养,确保工作、学习和健身健美锻炼的餐食目的上来。

(2)要保证营养素摄取平衡,力求做到能量平衡、均衡,及酸、碱平衡等。

(3)要优选物美价廉、热量较低、营养含量较高的食物作为健身健美食品。

(4)要以少量的食物摄取更多的营养,从较多的营养中获得健美的

优势。

(5)要坚持以粗、素、淡、果和蔬菜为主的杂食方式。不要过分迷信和追求珍馐、药物等补品,也不可过度限制脂肪。

(6)切忌偏食,避免暴饮贪食或盲目节食,消除影响健康的隐患。

(7)要改变有害于健身健美锻炼的餐食习惯,日餐多次,并补充足够的水。少吃经过腌、熏、晒、烤的肉和经过加工处理的香肠等肉类食品,少吃热量高的食物。

(8)要纠正不科学的烹饪方法,把营养损失减少到最低程度,并科学使用营养补剂。

(9)要尽量做到膳不过咸、嗜不过甜、酒不过量、烟不沾嘴、食不忌讳、吃不求精、烩不求细、少食多餐、食不过饱、物不单一、定时不缺。

(10)要切忌快食、蹲食、走食、卧食、吞食、暴食、笑食、愁食、泡食、烫食和挑食。

(二)中国居民的膳食指南

《中国居民膳食指南》是根据营养学原则、结合国情制定的,以教育人民群众采用平衡膳食、摄取合理营养促进健康的指导性意见。其具体内容包括如下。

(1)食物多样,谷类为主、粗细搭配。

(2)多吃蔬菜、水果和薯类。

(3)每天吃奶类、豆类或其制品。

(4)常吃适量鱼、禽、蛋和瘦肉(少吃肥肉和荤油)。

(5)减少烹调油用量,吃清淡少盐的膳食。

(6)食不过量(和体力活动要平衡),天天运动,保持健康体重。

(7)三餐分配要合理,零食要适当。

(8)每天足量饮水,合理选择饮料。

(9)饮酒应适量。

(10)吃清洁新鲜卫生、不变质的食物。

二、健康食品的选择与食物的搭配

在自然界，人类可以吃的食物种类大约有万种之多。我国通常将食物分为谷类、豆类及其制品、蔬菜和水果、水产和肉类、蛋类与奶类及奶制品六大类。

人们决定吃什么、什么时候去吃以及是否以极端个人的方式去吃，通常基于某些行为或社会动机，而不完全是基于有关营养对身体健康的重要性。幸运的是，很多不同的食物选择是有助于身体健康的，但是营养知识将帮助人们作出更合理的选择。

（一）健康食品的选用

1. 谷类、薯类及杂豆

谷类包括小麦面粉、大米、玉米、高粱等及其制品，薯类包括红薯、马铃薯等，杂豆包括大豆以外的其他干豆类，如红小豆、绿豆、芸豆等。这类食物主要供给淀粉，其次供给蛋白质、无机盐和维生素，同时也是膳食纤维的主要来源。这类食物的摄取量应以健身锻炼者身体消耗热能的需要为度。一般人每天摄入量约为250～400g，其中最好包括50～100g粗粮，因为每100g玉米糁和全麦粉所含的膳食纤维比精面粉分别多10g和6g。

2. 肉、鱼、禽、蛋、大豆及坚果类

这类食物主要供给优质蛋白质和脂肪，也供给一部分无机盐和维生素，它们之间最大的区别是所含脂肪的质和量不同。一般说来，植物脂肪含不饱和脂肪酸较高，动物脂肪含饱和脂肪酸较高（鱼的含脂量较少）。这类食物能够提供优质蛋白质，并以脂肪形式补充必要的能量，故为健身锻炼者每日膳食中不可缺少的食物，其用量以125～225g为宜，其中动物性食品与大豆类或豆制品最好各占50%。如果按照中国居民平衡膳食宝塔建议的食物量来具体分配，建议一般人每天摄入肉类（猪、牛、羊、禽肉）50～75g，水产品（包括鱼类、甲壳类和软体类动物性食物）50～100g，蛋25～50g，大豆类（黄豆、黑豆、青豆等及其制品）30～50g，坚果类（花生、瓜子、核桃、杏仁、榛子等)5～10g。

3.蔬菜、水果类

这类食物是维生素C的主要来源,也是提供无机盐和膳食纤维的主要来源。它们能增加膳食的体积,促进肠蠕动,以有利于消化、吸收和排泄。它们能降低胆固醇的吸收,促进胆固醇的分解代谢与排泄(对减轻高胆固醇血症,预防动脉硬化非常有益)。蔬菜类食物应以叶菜为主,锻炼者每日摄入量以500g左右为宜(一般人300～500g即可满足日常需要)。新鲜水果200～400g,锻炼者根据需要可多吃一些。

4.乳类及乳制品

这类食物主要可供给优质蛋白、脂肪、脂溶性维生素、维生素B_2和钙。建议一般人日食量为液态奶300 g、酸奶360g、奶粉45g。有条件者或锻炼者可多吃一些。

5.烹调油及食盐

烹调油包括各种动、植物油,这类食物主要可供给热能,不饱和脂肪酸和部分脂溶性维生素。虽然动物脂肪完全可以由第二类食物替代,但植物油则必不可少,因为它是不饱和脂肪酸的主要来源,又是烹调的必备辅料。建议一般人每天摄入量25～30g。此外,健康成年人一天食盐摄入量不超过6g为宜。一般20ml酱油中就含3g食盐,10g黄酱中含1.5g食盐,如果菜肴中需要用酱油和黄酱类,应按比例减少食盐用量。

(二)健康食物的搭配

食物配膳的科学性很强。配膳合理,能提高食物的营养贡献价值;若配膳不当,不仅丧失营养价值,而且会引发疾病。对于健身锻炼者来说,配比合理的食物即健康食品。

1.荤素原料搭配

荤素原料搭配烹调,是中国烹调一大特点。它不仅具备色、香、味、型,而且荤菜含有谷胱甘肽的硫氢基,能保护蔬菜里的某些营养素少受或免遭损失,有利于人体充分吸收,并能减少胆固醇的沉积。蔬菜中维生素A、D、E、K均属脂溶性维生素,含这类维生素的蔬菜,只有搭配含丰富脂肪的食物才能提高维生素的利用率与吸收率。例如胡萝卜要与肉搭配，这样胡萝卜里的维生素A能够通过溶于肉或卤汁被人体充分吸收和利用，极大地发挥其营养功能。

2. 混杂式原料搭配

无论是主食还是副食，将粗与细或动物性与植物性食物等混合搭配烹制能够保证营养全面、均衡、热量适宜而提高食物的生理与健身价值。

3. 补偿性原料搭配

根据人体某种营养所缺，选择具有补偿价值的食物进行搭配。例如，有些女性身上长痤疹、发落变黄，可长期食用富含锌的酵母发面和对毛发的生长和乌须有明显改善作用的葵花籽油煎烙成的黑芝麻饼，以使痤疹消迹，黑发生辉。这是因为锌是体内多种酶的重要组成部分和激合剂，对促进新陈代谢和维持上皮黏膜组织的正常功能具有重要作用。

4. 同性酶原料搭配

人类的食物可分为酸性食物和碱性食物。判断食物的酸碱性，并非根据人们的味觉，也不是根据食物溶于水中的化学性，而是根据食物进入人体后所生成的最终代谢物的酸碱性而定。酸性食物通常含有丰富的蛋白质、脂肪和糖类，含有成酸元素较多，在体内代谢后形成酸性物质，可降低血液、体液内的pH值。蔬菜、水果等含有K、Na、Ca、Mg等元素，在体内代谢后生成碱性物质，能阻止血液向酸性方面变化，所以，酸味的水果一般都为碱性食物而不是酸性食物，鸡、鱼、肉、蛋、糖等味虽不酸但却是酸性食物。在配餐中，不要把需要碱性酶消化的食物和需要酸性酶消化的食物搭配在一起，否则会引起酸碱中和作用，导致人体消化道受阻，使其丧失营养价值。例如“淀粉拖黄鱼”这道菜即是降低营养价值的配膳方法，因为淀粉质食物须由碱性酶消化，而黄鱼含蛋白质较多，需要酸性酶消化，故淀粉不要“拖”黄鱼为好。

5.“相克”食物禁忌搭配

所谓食物相克即是指两种食物之间的各种营养或化学成分相互制约的关系，它们之间的配膳不当，会影响人体对食物营养的吸收，严重的还会造成食物中毒症状。例如，蛋黄、大豆和动物肝脏含有较多的铁元素，当它们与含纤维素较多的萝卜、甘薯、芹菜和含草酸多的苋菜、蕹菜配膳或同吃,就会阻碍人体对铁质的吸收;在我国的日常膳食中,大约有120对相克的食物,如配膳不合理或数量比例搭配不当,均会引起人体对某种食物营养素吸收的拮抗现象,甚至出现中毒反应。

三、健身人群膳食营养计划的制定方法与步骤

为了满足机体的营养需求,促进健康,预防疾病,应该参照中国居民平衡膳食宝塔和中国居民膳食指南,并根据个人的实际情况制定膳食营养计划,做到平衡饮食。健身人群膳食营养计划的制定应该是对中国居民平衡膳食宝塔科学合理的运用。

(一)根据年龄、性别、体力强度、生理状态确定每天的能量需求

膳食宝塔中建议的每人每日各类食物适宜摄入量范围适用于一般健康成人,在实际应用时要根据个人年龄、性别、身高、体重、劳动强度、季节等情况做适当调整。年轻人、身体活动强度大的人需要的能量高,应适当多吃些主食;年老、活动少的人需要的能量少,可少吃些主食。能量是决定食物摄入量的首要因素,一般人们的进食量可自动调节.当一个人的食欲得到满足时,对能量的需要也就会得到满足。但由于人们膳食中脂肪摄入量的增加和日常身体活动减少,许多人目前的能量摄入量超过了自身的实际需要。对于正常成人,体重是判定能量平衡的最好指标,每个人应根据自身的体重及变化适当调整食物的摄入量,主要应调整的是含能量较多的食物。

中国成年人平均能量摄入水平(表3－1)是根据中国居民营养与健康状况调查的结果进行适当修正形成的,它可以作为消费者选择能量摄入水平的参考。在实际应用时每个人要根据自己的生理状态、生活特点、身体活动程度及体重情况进行调整。

能量是人体维持基本生命活动并进行各种体力活动所必需的,每个健身者因为其年龄、性别、体力活动的强度、生理状态的不同,能量需求也不同。如果人体摄入的能量不足,机体会动用自身的能量储备甚至消耗自身的组织以满足生命活动能量的需要,相反,能量摄入过剩则在体内会

不断储存。因此，能量平衡是膳食计划的首要问题。科学的膳食，不但要有足够的热量供应，以保证机体的需要，而且能量摄入不能过量，防止体内能量蓄积造成肥胖。

表 3－1　中国成年人的平均能量摄入水平(修正值)

年龄组	城市 kJ		农村 kJ	
	男	女	男	女
18～59 岁	9200	7550	10900	9200
60 岁以上	8350	6700	10.050	8350

根据中国营养学会的推荐，从事极轻劳动的成年人的能量需求为每天 155～167kJ/kg(体重)；从事轻体力劳动的成年人则每天需要 172～180kJ/kg(体重)；较重的体力劳动者，此值要增加到 209kJ/kg 以上。对于有特殊健身目的的人群，有资料推荐增肌人群的能量需求每天为 184～218kJ/kg(体重)，减肥人群可以控制在约每天 126kJ/kg(体重)。

以一个 70kg 的健美爱好者为例，增肌阶段每天每公斤体重约需要 209kJ 的热量，则一天大约需要摄入 14651kJ 的热量。

(二)根据自己的能量水平确定食物需要

膳食宝塔建议的每人每日各类食物适宜摄入量范围适用于一般健康成年人，按照 7 个能量水平分别建议了 10 类食物的摄入量，建议量均为食物可食部分的净重，应用时要根据自身的能量需要进行选择(表 3－2)。健美锻炼者的各类食物需要量又要高于一般健康成年人。

表 3－2　按照 7 个不同能量水平建议的食物摄入量(g/d)

能量水平	6700kJ	7550kJ	8350kJ	9200kJ	10050kJ	10500kJ	11700kJ
谷类	225	250	300	300	350	400	450
大豆类	30	30	40	40	40	50	50
蔬菜	300	300	350	400	450	500	500
水果	200	200	300	300	400	400	500
肉类	50	50	50	75	75	75	75
乳类	300	300	300	300	300	300	300
蛋类	25	25	25	50	5050	50	50
水产品	50	50	75	75	75	100	100
烹调油	20	25	25	25	30	30	30
食盐	6	6	6	6	6	6	6

膳食宝塔建议的各类食物摄入量是一个平均值。每日膳食中应尽量包含膳食宝塔中的各类食物，但无须每日都严格照着膳食宝塔建议的各类食物的量吃。例如烧鱼比较麻烦，就不一定每天都吃50～100g鱼，可以改成每周吃2～3次鱼、每次150～200g较为切实可行。实际上平日喜欢吃鱼的多吃些鱼，愿吃鸡的多吃些鸡都无妨碍，重要的是一定要经常遵循膳食宝塔各层中各类食物的大体比例。在一段时间内，比如一周，各类食物摄入量平均值应当符合膳食宝塔的建议量。

（三）根据糖、蛋白质、脂肪三大营养素的供能比例

糖、蛋白质、脂肪是提供人体所需能量的三大产热营养素，不同人群三大营养素的供能比例是不同的。按照WHO推荐的适宜膳食能量结构，一般人群糖、蛋白质、脂肪的供能比例为55%～65%、11%～15%、20%～30%。健身健美人群糖、蛋白质、脂肪的供能比例为60%～65%、15%～20%、20%。而且早、中、晚三餐的能量分配也要合理，三餐能量摄入大致要遵循3:4:3的比例，如果每天进餐5～6次，可根据时间将加餐分别归入早、中、晚餐计算。

（四）根据供热营养素的产热系数确定三大营养素的量

每克糖、蛋白质、脂肪在体内氧化产生的能量值称为产热系数，食物中每克糖能提供4kcal的热量，每克蛋白质也提供16.7kJ热量，而每克脂肪提供37.7kJ。

（五）根据食物成分表确定提供三大营养素的食物种类

应将上述的营养素分配到不同的食物中，保证食物的多样化，同时要摄入足够的蔬菜和水果，以保证维生素、矿物质和膳食纤维的摄入量（表3—3）。

表 3－3　770kg 体重的健身健美爱好者的增肌膳食配餐范例

餐次	食物	摄入量
早餐	鸡蛋	1 个
	鸡蛋清	3 个
	油菜	150g
	瘦牛肉	100g
	面条	150g
	花生油	8g
早加餐	鲜牛奶	225ml
	面包	150g
	苹果	1 个
午餐	瘦猪肉	150g
	蒸米饭	250g
	芹菜	200g
	白萝卜	200g
	洋葱	60g
	花生油	15g
运动前 2 小时	鸡蛋清	3 个
	香蕉	2 根
	馒头	100g
运动后 30 分钟	蛋白粉	30g
	肌酸	5g
	10％低聚糖饮料	500ml
	谷氨酰胺	4g
晚餐	鱼	150g
	青菜	200g
	馒头	150g
	西红柿	1 个
	黄瓜	1 根
	花生油	10g

(六)注意同类食物的互换,调配丰富多彩的膳食

人们吃多种多样的食物不仅是为了获得均衡的营养,也是为了使饮食更加丰富多彩,以满足人们的口味享受。假如人们每天都吃同样的 50g 肉、40g 豆,难免久食生厌,那么合理营养也就无从谈起了。膳食宝塔包含的每一类食物中都有许多品种,虽然每种食物都与另一种不完全相

同，但同一类中各种食物所含营养成分往往大体上近似，在膳食中可以互相替换。

膳食宝塔可把营养与美味结合起来，按照同类互换、多种多样的原则调配一日三餐。

同类互换就是以粮换粮、以豆换豆、以肉换肉。例如大米可与面粉或杂粮互换，馒头可与相应量的面条、烙饼、面包等互换；大豆可与相当量的豆制品互换；瘦猪肉可与等量的鸡、鸭、牛、羊、兔肉互换；鱼可与虾、蟹等水产品互换；牛奶可与羊奶、酸奶、奶粉或奶酪等互换。

多种多样就是选用品种、形态、颜色、口感多样的食物和变换烹调方法。例如每日吃 40g 豆类及豆制品，掌握了同类互换多种多样的原则就可以变换出多种吃法，可以全量互换，即全换成相当量的豆浆或豆干，今天喝豆浆、明天吃豆干；也可以分量互换，如 1/3 换豆浆、1/3 换腐竹、1/3 换豆腐。早餐喝豆浆，中餐吃凉拌腐竹，晚餐再喝碗酸辣豆腐汤。

（七）要因地制宜充分利用当地资源

我国幅员辽阔，各地的饮食习惯及物产不尽相同，只有因地制宜充分利用当地资源才能有效地应用膳食宝塔。例如牧区奶类资源丰富，可适当提高奶类摄入量；渔区可适当提高鱼及其他水产品摄入量；农村山区则可利用山羊奶以及花生、瓜子、核桃、榛子等资源。在某些情况下，由于地域、经济或物产所限无法采用同类互换时，也可以暂用豆类代替乳类、肉类；或用蛋类代替鱼、肉；不得已时也可用花生、瓜子、榛子、核桃等坚果代替大豆或肉、鱼、奶等动物性食物。

（八）要养成习惯，长期坚持

膳食对健康的影响是长期的结果。应用平衡膳食宝塔需要自幼养成习惯，并坚持不懈，才能充分体现其对健康的重大促进作用。

四、增加肌肉体积与减肥的特殊营养

目前在运动界有一些特殊营养品对于壮大肌肉、减缩脂肪、提高健身健美锻炼的效果及运动成绩等有一定的作用。我们除注重基础膳食营养以外，还可以通过补充这一部分营养品来达到通过健身健美锻炼增加肌肉体积及减脂塑身的目的。

（一）营养添加剂

满足身体基础代谢和锻炼代谢的能量，以及构成体质的基质材料需求，是达到健身健美锻炼目的的重要条件。为此，在日常膳食的基础上，还可依据不同的生理特点和健身锻炼目标进行特殊的营养安排和食谱组合。通过特殊的营养手段，即使用营养膳食补充品来干预疲劳、帮助恢复、提高运动能力近年来倍受重视。营养添加剂，或称膳食补充品是1994年12月美国从“健康补充品”改称而来的，这类补充品是随着营养学（尤其是运动营养学）的发展而产生的。

在20世纪60～70年代以前，营养学的研究主要从发现和治疗营养缺乏病，制定每日营养素供给量标准或推荐每日膳食允许量（RDA）出发，来保证每日从膳食中取得足够的营养素来预防营养缺乏病，维持身体健康。近年来，营养学的研究已发展到运用营养素来促进健康、提高运动能力、防治疾病的阶段。研究发现，仅仅依赖天然食物难以达到健康目标，而在食物中添加某些特殊营养素，如微量元素锌、硒、碘、铁；维生素A、C、E、B_2、B_6、B_5；特殊氨基酸牛磺酸、精氨酸、谷氨酰胺等；脂肪酸中的多不饱和脂肪酸18碳3烯酸（亚麻酸）、20碳5烯酸（EPA）、22碳6烯酸（DHA）等及其他活性物质如活菌（双歧杆菌、乳酸菌）、中草药、多糖等则有助于提高营养效能。这些添加剂可分别为维生素、矿物质、草药、植物性物质、氨基酸及其他可补充到膳食中的膳食物质或浓缩物、代谢产物、组成物、提取物或上述物质的混合物（不包括烟草）等。

目前，运动营养膳食补充品数量很多，根据其功能可将其分为基本营养膳食补充品、专项膳食补充品、营养膳食干预补充品等类型。

然而，对于普通的健身人群而言，在已获得平衡膳食的情况下，一般并不提倡再额外补充营养品，因为过多的营养对健身健康可能有害无利。

比如食用过多的蛋白质会增加胆、肾的负担;过量地补充维生素A,会引起中毒并使头发自然美受到破坏等。强调营养,意味着就该平衡地、合理地摄取人体所需要的各种营养素。

(二)运动营养补剂

营养补剂是浓缩的高纯度营养素,能够快速、高效地为机体提供营养。在营养已成为重要内容的现代健美训练体系中,运动营养补剂的作用获得空前重视。目前,常用的健美运动营养补剂大致有以下几类。

1. 蛋白质类

蛋白质是生命存在的主要方式,是维持生命活动的基础,是构成生命体最主要的组成成分,健身健美运动员常用的蛋白质产品主要有乳清蛋白、大豆蛋白。

(1)乳清蛋白

乳清蛋白是从牛奶中提取的,富含各种氨基酸和易于吸收的蛋白质,其生物价为100,是所有蛋白质中最高的,乳清蛋白脂肪含量很少,富含支链氨基酸、谷氨酰胺,还含有乳铁传递蛋白。乳清蛋白对运动能力的作用主要表现为:①提高机体免疫功能;②延缓中枢神经系统疲劳的发生;③促进机体蛋白质的合成;④提高机体的抗氧化能力。

乳清蛋白是健身健美运动员经常补充的重要蛋白质营养品。在大负荷健美运动训练期间,为了保证蛋白质的恢复和促进健身健美运动员身体机能水平的提高,乳清蛋白的摄入量可以提高到总蛋白摄入量的50%以上,而在一般训练期,补充量维持在每天20g左右,就能够充分体现其对机体的有利作用。

最近的研究结果表明,乳清蛋白是健身健美运动员控制体重期间最佳的蛋白质补充剂。在此期间要求严格限制饮食,避免大量摄入蛋白质而附带摄入过多脂肪和能量以引起体重的增加。因此,乳清蛋白的补充不但可以为控制体重运动员提高优质的蛋白质以维持机体正常蛋白质的合成,降低身体脂肪含量,而且对维持健身健美运动员的运动能力具有积极意义。

(2)大豆蛋白

目前流行的另一类蛋白粉是大豆蛋白。经过浓缩加工的大豆蛋白粉中的蛋白质含量较高，甚至可高达80%以上。研究表明，大豆蛋白的补充对降低血浆甘油三酯和低密度脂蛋白水平、缓解机体钙的丢失及防治骨质疏松具有积极意义。

2. 氨基酸

(1)L—精氨酸

研究表明，L—精氨酸可以促进人体内源性生长激素的分泌，并可以调节下丘脑—垂体—性腺轴的机能，从而有利于健身健美运动员身体机能的提高和训练后各种能源物质的恢复。但是由于精氨酸对胃肠道具有一定的刺激作用，故一般不提倡大剂量服用，目前推荐剂量为每天10g。

(2)鸟氨酸

鸟氨酸具有与精氨酸相类似的生物学功能，以前的研究通常将精氨酸与鸟氨酸同服来发挥其生物学功效。近年来的研究和实践表明，鸟氨酸与OKG(a—酮戊二酸)同服同样具有促进胰岛素和生长激素分泌、提高免疫系统功能的功效，而且能降低对胃肠道的刺激，而单独服用则不具备这种协同作用。目前在市面上出售的鸟氨酸与OKG的合剂为鸟氨酸与OKG按2∶1混合配制而成，长期服用，每天10～15g，可以促进内源性胰岛素、生长激素的分泌，抑制体内蛋白的降解，对于提高健美运动员肌肉质量和促进能源物质恢复具有积极意义，而且没有发现明显的副作用。因此，OKG是替代精氨酸促进健美运动员身体机能恢复、提高肌肉质量的良好营养补充品。

(3)支链氨基酸

支链氨基酸包括亮氨酸、异亮氨酸和缬氨酸，它们同为必需氨基酸，其中以亮氨酸的最为实用。支链氨基酸是健美运动员经常服用的氨基酸，其作用主要表现为：①可以改善中枢神经系统的兴奋性，对维持长时间健美运动训练具有积极作用；②可以促进肌肉力量的增长；③对提高机体的免疫能力具有一定的作用。

但是,大量服用支链氨基酸对身体具有一定的副作用,其主要表现为,引起血氨大幅度上升,对机体产生不利影响;为中和大量的氨,造成丙酮酸的消耗增加,从而影响有氧氧化能力;抑制糖原异生;刺激胃肠道,引起机体对水吸收能力下降。因此,在补充支链氨基酸时,一定要注意剂量。研究认为,支链氨基酸在健美运动前的30分钟以低剂量补充效果较好,长时间运动多采用0.5g/小时剂量补充。低剂量支链氨基酸不但口感好,能够预防血浆支链氨基酸水平的降低,而且可以防止血氨的大幅度升高,并且不会刺激胃肠道。

(4)谷氨酰胺

谷氨酰胺是人体肌肉、血液和氨基酸池中含量最丰富的氨基酸,是蛋白质、核酸、谷胱甘肽,以及其他重要生物大分子合成的必需营养素。谷氨酰胺的补充对健美运动能力的作用主要表现为:①谷氨酸是主要的中枢兴奋性递质,具有促进记忆的作用,有利于运动技能的形成;②补充谷氨酰胺可以维持和提高机体的免疫机能水平,有利于提高健美运动员抗感染能力,减少患疾病的概率;③补充谷氨酰胺可以促进机体抗氧化能力的提高;④谷氨酰胺的补充有利于机体胰岛素的分泌。

谷氨酰胺是运动员维持身体机能水平、促进恢复、提高机体免疫机能的重要营养补充剂。但是,大量补充谷氨酰胺也具有一定的副作用,主要表现为氨的升高,对运动能力产生消极影响。为克服谷氨酰胺的副作用,建议谷氨酰胺服用量为每天5~10g,在健美训练或比赛后服用。

(5)牛磺酸

牛磺酸是正常人体肌肉中含量十分丰富的氨基酸,也是促进肌肉快速增长的健美运动营养补剂,其发挥生理作用的方式类似于胰岛素。研究显示,一日三餐中分别补充500mg牛磺酸,发现n液中3—甲基组氨酸的浓度下降了20%,而3—甲基组氨酸是肌肉蛋白分解过程中的代谢产物,它反映肌肉蛋白质的分解速率。因此,3—甲基组氨酸的下降说明肌蛋白分解作用已受到牛磺酸的抑制。在许多复合型运动营养补剂中,牛磺酸都扮演着重要角色。在健美训练后1小时内、正餐前30～45分钟、晚上睡前食用OKG、牛磺酸和钙、镁、钾等多种矿物质和营养素的糖饮或果汁，可使肌肉变得更强壮。

(6)磷脂酰丝氨酸

磷脂酰丝氨酸是一种豆浆提取物。研究发现，它能够影响皮质醇的分泌释放。皮质醇是一种与睾酮作用拮抗的起分解作用的激素，一般在高强度健美训练后，极度疲劳或过度训练时明显升高。此时体内分解代谢大于合成代谢作用，肌蛋白分解加速，体重下降，能有效抑制健美运动员强化训练期间皮质醇的增长，为提高健美训练效益创造良好的激素环境。

3. 肌酸

从20世纪90年代起，健美运动员开始大量使用肌酸，补充肌酸可以提高肌肉内的磷酸肌酸含量，使健美运动后磷酸肌酸的再合成速度加快，同时使ATP的利用率增加，从而提高肌肉的最大收缩力。目前肌酸制剂已由原来的单纯肌酸发展为含有糖、磷酸盐、牛磺酸等能够促进肌酸吸收与利用的复合肌酸制剂。

肌肉收缩时，需要ATP提供能量，而磷酸肌酸是高能磷酸基团储存库和线粒体内外的能量传递者，能满足最迅速合成ATP的要求。补充外源性肌酸，有利于体内肌酸和磷酸储量增加。

肌酸的服用方法：①短时间冲击量。每天服用20g左右的肌酸，连续服用5～9天，可以使骨骼肌中肌酸贮量增加15%～30%[127～149m mol/kg(干肌)]，磷酸肌酸贮量增加10%～40%；②长时间小剂量。每天服用2～5g，连续服用一个月以上。采用这种方法可以在一定程度上提高机体的肌酸贮量，但更主要的是维持肌肉中高肌酸浓度；③复合法。这是冲击量与长时间小剂量相结合的一种方法。健美运动员每天服用20～25g的肌酸，连续服用5～9天，然后第10天服用2～5g，持续数十天以上，可以使机体肌酸贮量明显提高。

大量的研究结果表明，肌酸如果与含糖饮料同时服用，效果较单独服用肌酸更佳，可使肌肉中肌酸含量进一步增加。在健美运动实践中，那些原来机体内肌酸水平较高的健美运动员，采用长时间小剂量补充对维持高肌酸含量十分有利。机体内肌酸水平较低的健美运动员应采用复合法，可以明显提高机体的肌酸贮量，并且保持的时间长。因此，实践中应对健美运动员血浆的肌酸水平进行测试以后再选择补充肌酸的方法，这样更为科学合理。

肌酸不属于国际奥委会颁布的违禁药物，因此已被广泛使用。但是，从目前使用的情况来看，口服肌酸也相应地存在一些副作用：①抑制内源性肌酸的合成；②增加体重。对于需要控制体重或降低体重的健美运动应慎重使用肌酸；③肌肉酸胀感。采用肌酸补充措施后，会出现肌肉酸胀的感觉。有研究认为，采用理疗、按摩、泡热水浴，以及在训练前做好充分的准备活动等措施，可以缓解这种不利现象。

4. 丙酮酸

丙酮酸是糖在细胞质中无氧代谢的中间产物，也是进入线粒体进行有氧代谢的起始物。丙酮酸可以通过生成乙酰辅酶 A 和三羧酸循环将糖、脂肪和蛋白质代谢联系起来，并实现糖、脂肪、蛋白质的相互转化。因此，丙酮酸在三大能源物质的代谢中起着极为重要的中心枢纽作用。

目前丙酮酸开始被广泛作为健美运动营养品使用。丙酮酸对机体的主要作用表现为以下方面。

(1)丙酮酸和二羟丙酮的服用可以改变机体的代谢速率和身体成分，促进脂肪酸的氧化速率，有利于改善机体的成分，对降低体脂十分有利。

(2)长期服用丙酮酸有利于代谢能力的提高。

(3)服用丙酮酸对改善心血管机能具有一定的作用。

健美运动员控制体重时期可以通过服用丙酮酸促进脂肪酸的代谢、降低体脂、改善机体的体成分、缓解体重的下降。丙酮酸的适宜服用量为 25 克/天，二羟丙酮为 75 克/天，结合高糖膳食效果更好。

5. L一肉碱

L一肉碱是目前健美运动界常用的一种运动营养品。肉碱是转运脂肪酸的载体，是脂肪酸氧化供能必需的前提。对于健美运动员来说，L—肉碱在体内的作用主要体现在以下几个方面。

(1)L—肉碱是活化的长链脂肪酸穿过线粒体内膜的载体，可以促进长链脂肪酸进入线粒体基质内被高活性的β—氧化酶系统所氧化，有利于减少体脂，控制体重。

(2)加速丙酮的氧化作用，减少乳酸的堆积。

(3)促进支链氨基酸的氧化利用，维持运动时的能量平衡。

(4)促进乳酸和氨的消除，有利于疲劳的消除。

L—肉碱富含于动物食物中。由于在健美运动训练过程中肉碱的消耗量增加，食物是否能够提供充足的L—肉碱，目前尚无定论。因此，补充一定量的L—肉碱具有重要意义。每日分两次服用L—肉碱2～6g，便可显著提高血浆和肌肉内肉碱的浓度。由于肉碱是肌肉的天然成分，小剂量的补充未发现任何副作用，但大剂量补充会引起腹泻等。补充肉碱应注意其构型，K—肉碱有毒，会影响L—肉碱的合成和利用，导致L—肉碱的缺乏。

6. 抗氧化剂

大量的研究证实，运动训练会使自由基生成激增，使机体发生脂质过氧化，导致细胞和生物膜系统的损害。脂质过氧化反应程度增加是导致运动性疲劳的发生和发展，造成健美运动员身体机能水平下降的重要原因。因此，通过抗氧化剂的服用可以有效降低高强度健美运动训练所导致的自由基的增加，使机体的脂质过氧化程度下降，维持健美运动员的身体机能水平，预防运动性贫血的发生和发展。

目前，健美运动界普遍应用的抗氧化剂有维生素E、维生素C、谷氨酰胺和谷氨酰胺肽、β—胡萝卜素、辅酶Q、番茄红素、螺旋藻系列产品、牛磺酸、N—乙酰半胱氨酸等。其中效果最好的抗氧化剂是维生素C、维生素E和番茄红素。这些抗氧化剂在蔬菜和水果中含量丰富。但是，由于我国烹调蔬菜大都经过高温油的爆炒，许多维生素在高温作用下失活，使得有活性的抗氧化剂真正被吸收进入人体的较少，因此应额外补充抗氧化剂，维生素C和β—胡萝卜素应以生吃的蔬菜和水果作为主要补充方式，同时还应以片剂形式摄入一定量的维生素C和β—胡萝卜素。番茄红素是近几年国际上最新发现的一种抗氧化效果最好的抗氧化剂，它同α—胡萝卜素、β—胡萝卜素及黄体素一样，属类胡萝卜素的一种。番茄红素存在于许多蔬菜和水果中，其中番茄中含量最多。目前的研究结果认为，每天服用一定量的番茄汁，或服用番茄红素胶囊（番茄红素每天的摄入量在10～20mg）即可达到良好的抗氧化效果。

7. 碱性盐

碱性盐有柠檬酸钾、碳酸氢钠和柠檬酸钠等。在健美训练前让运动员摄取碱性盐，可起到缓冲剧烈运动时大量产生的乳酸，并使血液和肌肉中的pH值升高的作用，有助于维持身体内环境的稳定，并促进运动后使肌肉收缩的有关酶的功能和细胞膜的电位恢复正常。

碱性盐类的补充剂量，少者每日1.5g，多者可达20g。另外，服用方法也不一样。有人在赛前1～2天饭后服用，在比赛当天的5小时内停服。但也有人认为，在赛前补充碱性盐对强度大、时间在30秒至2分钟的健美竞赛性表演效果较好。

8. 磷酸盐

磷是食物中必需的一种营养物质。体内磷以磷酸盐的形式存在。磷与体内ATP—CP供能系统有关，它与有机化合物腺嘌呤和肌酸结合生成ATP和CP中的高能键。磷酸钾和磷酸钠可作为体内缓冲剂，维持正常的pH值。磷酸还可通过几种途径协助有氧供能系统。磷酸是一些B族维生素发挥正常功能的必需物质，也是红血球的部分成分，可帮助血红蛋白释放氧进入肌细胞。由于磷有多种功能，从理论上讲磷酸盐有助于提高运动能力。

实验表明，在赛前受试者服用磷酸盐确能提高运动能力。有人发现，受试者赛前连续三天服用4g磷酸钠，最大摄氧量能提高6%～12%，并且在参加亚极限强度水平运动，如竞赛性健美表演等项目时，能减少乳酸产生。

9. 蒺藜皂甙

大强度的健美运动训练会造成下丘脑一垂体一性腺轴机能水平的下降,从而导致机体内源性睾酮分泌减少。睾酮是机体中促合成作用最有效的激素,睾酮水平的高低对健美运动员肌肉块的塑造和身体机能的恢复及反复承受负荷的能力具有十分重要的作用。近年来研究发现,从刺蒺藜中提取的主要活性成分——蒺藜皂甙(植物固醇类物质)能够刺激人体垂体促黄体生成素的分泌,进而促进人体内原睾酮的分泌,提高血睾酮的水平,并对增加肌肉体积、围度和饱满度的大小、肌肉力量和促进骨骼肌的代谢具有重要的作用。研究还发现,蒺藜皂甙还具有改善免疫功能、增加血红细胞、提高心肌收缩力、抗氧化的作用等。目前的实验和临床研究表明,蒺藜皂甙对机体无任何不良副作用,健美运动员服用量一般为300～700mg/天。因此,蒺藜皂甙是目前改善健美运动员下丘脑一垂体—性腺轴机能的较为理想且安全有效的天然运动营养品。

运动营养补剂必须审慎而合理地使用,使用前应该明确自己所需,从而有的放矢地选择适合品类,进行针对性的补充;必须懂得辨别商品标签上的功效说明,以免使用假冒伪劣或误用含有违禁成分的运动补充品;应当教导健美运动员,特别是青少年健美运动员,要寄希望于通过多年的刻苦训练和良好营养逐渐提高健美运动成绩。健美运动员每天需要2.0～2.5克/公斤(体重)的蛋白质,这些蛋白可来自正常食物。大多数健美运动员的肌肉生长不需要蛋白补剂;健美运动员每天需要摄入8～10克/公斤(体重)的碳水化合物。碳水化合物应来自谷类、水果和蔬菜,如果不能从正常食物中摄取足够的碳水化合物,可以添加高能高碳水化合物饮料或固体补剂;健美运动员每天需要0.45～0.9克/公斤(体重)的脂肪,大多数应来自不饱和脂肪(如橄榄油、花生油和亚麻油),一定不要依赖运动营养补剂。没有什么能取代充满活力的阻力训练和全面合理的营养,与科学训练和合理营养的作用相比,运动补剂对非优秀健美运动员的作用通常微不足道。此外,有些运动补剂可能引起严重的副作用,如果考虑用运动补剂,应向专家咨询,不要听信运动营养补剂和保健补充品营销员的介绍、杂志上的广告、网上的消息，或在健身房训练、工作的人的一家之言。平时进行高强度训练的健美运动员考虑使用运动营养补剂时，一定要向知识丰富的运动生理学家、精通运动营养膳食补剂的运动医学大夫，以及优秀的运动营养学家或健美运动膳食专家进行咨询。

五、保健营养补品与天然“食物补品”

（一）保健营养补品

近年来，“送礼送健康”已成为一种社会时尚。富裕起来的人们除给亲朋挚友馈赠高档保健品之外，已不再满足于一日三餐的膳食营养，开始流行补充氨基酸口服液、蛋白质粉、复合维生素、松花粉、深海鱼油、排毒养颜胶囊、人生燕窝等高档保健营养补剂（品）。下面针对时下流行的营养保健补品做一些简单的介绍。

1. 蛋白质粉

（1）蛋白质粉的功能：蛋白质粉是比较时兴的保健（营养）补品。对于一般人群而言，它的主要作用在于改善蛋白质营养不良，恢复与改善人体免疫功能。

（2）蛋白质粉适宜人群：蛋白质粉适用于免疫力低下的亚健康人群，以及成长发育中的青少年、儿童、孕产妇、老年人、糖尿病患者和体力耗费巨大的人群（如运动员、增肌和减肥者、重体力劳动者）。

（3）蛋白质粉不宜人群：①慢性肾脏病患者由于肾脏结构受到损伤，肾脏排泄、人体代谢产物的功能下降，因此这类病患者不宜摄入过多的蛋白质，特别是植物蛋白质。过多的植物蛋白质会增加肾脏病的负担，加速慢性肾脏病患者的肾脏损失，加快慢性肾脏病的进展；②3 岁以下儿童不宜服用。

（4）蛋白质粉服用方法：①服用时，应注意按推荐摄入量服用；②不宜空腹服用；③不宜和酸性饮料一起服用；④有基础疾病的患者应事先征求医生意见后服用。

2. 复合维生素

(1)复合维生素适宜人群：孕妇、挑食偏食的少年儿童，工作疲劳、压力大的亚健康人群是复合维生素的主要适用人群。如果平时食用的蔬菜、水果量不够，可以适当补充维生素；而经常出差、旅游等饮食不平衡者，则可以按需补充复合维生素。

(2)复合维生素服用方法：参考医生意见和推荐摄入量服用。服用维生素并非多多益善，因为过量服用维生素也会产生依赖性甚至毒性。

天然食品永远是摄入营养素的首选途径，再昂贵、成分再复杂的膳食补充剂都比不上天然食物中所含的营养。依靠人工合成的各类维生素、矿物质，无论技术多高明，其作用始终难与天然食物媲美。

3. 降脂产品

(1)降脂产品的种类：主要有深海鱼油、银杏叶茶、卵磷脂等。

(2)降脂产品的主要功能：质量合格的深海鱼油、银杏叶茶、卵磷脂等产品确实有防止血液凝固，预防脑溢血，脑血栓和老年痴呆等疾病发生的功能。

(3)降脂产品的适宜人群：40 岁以上、体态偏胖、血压偏高或有高血脂、糖尿病史的人可以适当选用。

DHA 含量高的深海鱼油还适合婴幼儿服用，可以帮助婴幼儿视神经和脑细胞发育。

(4)服用降脂产品的注意事项：①由于鱼油易氧化，购买时要注意保质期，在服用期间需低温保存；②有降脂功效的保健品一般需要长期服用，且只能起到一些预防作用，因此不能单纯依赖这些产品达到治病的目的，特别应注意对症补充不依赖。

(二)天然食物中的“保健品”

优质的深海鱼油、维生素 E、维生素 C、卵磷脂及钙等对缺乏人群的保健作用非常大，然而，它们也是从天然动植物或某些元素中提炼出来的，我们完全可以从天然食物中寻找到这些“保健”佳品。下面仅对深海鱼油、维生素E、维生素C、卵磷脂及钙等保健品的替代食物简要介绍。

1.深海鱼油

(1)主要作用:调节血脂、降低甘油三酯、稀释血液等。

(2)替代食物:黄花鱼、三文鱼等海鱼。每周最多吃两次,尽量选择体积小的海鱼。

2.维生素E

(1)主要作用:维生素E在人体细胞内能消除对机体有损害作用的自由基,从而延缓细胞的衰老过程,有防止脂褐素形成作用。维生素E中的抗氧化物可以综合自由基,保护一氧化氮。

(2)替代食物:坚果、种子、豆类、谷类,尤其是赤小豆、黑芝麻、核桃、植物油。

3.维生素C

(1)主要作用:可以防治坏血病、感冒等疾病,有消除疲劳的功效。

(2)替代食物:绿色叶菜、绿色花菜、番茄等蔬菜,柑橘、柠檬、山楂、猕猴桃、枣等水果。

4.卵磷脂

(1)主要作用:能够把人体内多余的胆固醇代谢排出体外,还具有降脂作用。

(2)替代食物:豆类、蛋黄等。由于蛋黄中同时含有胆固醇,建议胆固醇超标的人最好多吃豆类。

5.钙

(1)主要作用:构建骨骼必不可少的元素,在血液的凝结、肌肉的收缩以及神经反应等生命活动中起主要作用。

(2)替代食物:牛奶、连刺或连壳的小鱼和小虾等。

六、营养早餐及食物选择

(一)为什么要吃营养早餐

早餐距离前一晚餐的时间一般长达12小时,每当人们一觉醒来,体内储存的糖原已被消耗殆尽,这时急需补充能量与营养,以免血糖过低。

血糖浓度低于正常值会出现饥饿感，大脑的兴奋性随之降低，反应迟钝，注意力不能集中，影响工作或学习效率。而科学合理的早餐则是最佳的能量与营养来源。早餐吃得太少或者不吃，或者选择了不当的食物，都会影响人一天之中的思维、行为和情绪，早餐还可以决定人一整天的精神状态并影响身体的健美。研究表明，儿童不吃早餐导致的能量和营养素摄入的不足很难从午餐和晚餐中得到充分补充，久而久之还可能引起胃痛和十二指肠溃疡及结石病等。因此，合理地搭配有价值的营养早餐，对人体健康的影响极其重要。

(二)早餐的最佳时间

对于较早进入工作或学习者，早晨起床活动 20～30 分钟后，在人的食欲最旺盛时吃早餐是最合适的；一般情况下，早餐安排在 6:30～8:30 进行比较适宜，习惯于早自习或早锻炼的同学，其早餐时间亦不宜迟于 8:30。

(三)早餐的能量标准

成年人早餐的能量应为 2930kJ 左右，不同年龄、不同劳动强度、不同健身目的的个体所需能量有所不同。

(四)早餐能量及三大营养素的比例

1. 早餐能量比例

以一日三餐为例，早餐提供的能量应占全天能量的 25%～30%(午、晚餐可各占 30%～40%)。也可将正常一日三餐饮食热能量分配为 30%:40%:30%；而减肥者科学的三餐热量分配应为:28%:39%:33%。

2. 早餐中三大营养素的比例

研究证明，蛋白质、脂肪、碳水化合物的供能比例接近 1∶0.7∶5 的早餐，能更好地发挥餐后快速的升血糖作用，同时利用了蛋白质和脂肪维持进餐后 2 小时后血糖水平的功能，两者互补，使整个上午的血糖维持在稳定的水平，来满足大脑对血糖供给的要求，对保证上午的工作或学习效率有重要意义。

(五)早餐的一般食物

(1)谷类 100g 左右，可以选择馒头、面包、麦片、面条、豆包、粥等。

(2)适量的含优质蛋白质的食物,如牛奶、鸡蛋或大豆制品。

(3)100g 新鲜蔬菜和 100g 新鲜水果。

不同年龄、不同劳动强度、不同健身目的的个体所需的实物量可以有所不同。

(六)营养早餐的评价标准(供能比例及种类)

评价早餐的质量通常有两种方法:一种是根据早餐所提供的能量和营养素量来评价。我国居民膳食指南建议,来自早餐的能量应当是全天能量摄入的 25%。早餐的食量应相当于全天食物量的 1/4～1/3,但对各种营养没有建议量。另一种方法是根据早餐的食物种类的多少来评价。把食物分为 5 类,即谷类、豆类、肉类、奶类和蔬菜水果类。如果一顿早餐中有上述 5 类中的 4 类则为早餐充足;如果食用了 3 类则为早餐较好;如只选择了其中两类或两类以下则为早餐质量较差。

(七)塑身减肥者早餐食物的选择

(1)早餐是学生大脑的"开关",其能量主要来源于碳水化合物,因此早餐一定要进食一些淀粉类食物,最好选择没有精加工的粗杂粮并且掺有一些坚果、干果。这样的食品释放能量比较迟缓,可以延长能量的补充时间,如馒头、花卷、包子、馄饨、豆沙包、坚果、面包、玉米粥等。

(2)维持人体充沛精力和灵敏反应力的蛋白质也不能少,因为含蛋白质的早餐能在数小时内持续地释放能量,使学生更"经饿"。可以选择鸡蛋、酱牛肉、鸡翅、素鸡豆制品等食物。

(3)好的早餐一定要有些蔬菜和水果,如凉拌小菜、鲜蔬菜、水果等。这不仅仅是为了补充水溶性维生素和纤维素,还因水果和蔬菜含钙、钾、镁等矿物质,属碱性食物,可以中和肉、蛋等食品在体内氧化后生成的酸根,以达到酸碱平衡。

(4)试图减脂的人应选择含脂肪少的谷类早餐食品。有人研究发现,涂有黄油、果酱和奶酪的小面包,另加一个鸡蛋的早餐所含的脂肪量比全脂牛奶、水果和谷类食物的早餐脂肪量高约 7 倍。近年来,以谷类为主的早餐尤其受到女性青睐,因为一顿好的早餐应包括谷类食品(如粗面粉面包、八宝粥、黑米面包、窝窝头、茴香菜包等)、水果和奶制品(最好喝含脂肪少的牛奶)这三样东西。谁吃这样的早餐,谁就能够同时获得丰富的碳水化合物、少量的脂肪、丰富的维生素和矿物质。

(5)注意摄取维生素、叶酸和铁。特别是维生素C和铁的需要量,如有可能,可从午餐和晚餐予以补充。肉、内脏、小米、茴香可满足人每日所需的10~18mg铁的需求量;维生素B则可从瘦肉、鱼、肝、全麦面包、土豆、花生等食物中摄取。

(6)早餐不宜吃太多油炸食物,如油条、油饼、炸糕等。虽然食用后饱腹感会比较明显,但因摄入脂肪和胆固醇过多,消化时间太长,易使血液过久地积于消化系统,造成脑部血流量减少,可能会使人整个上午都觉得无法集中精神。

(八)科学的营养早餐形式

早餐搭配的基本形式:1个鸡蛋(或25~30g肉)+1杯牛奶(加一点麦片更好)+100g主食+1碟小菜(凉拌新鲜蔬菜)。

除此之外,还可以根据自己的身体需要和经济承受能力,尤其是体重和体形,制定出适合自己的健康早餐、营养早餐、素食早餐和绿色早餐等方案。

第二节 常见体育运动者的膳食营养特点

一、减肥塑身人群的饮食营养方案

饮食控制的主要原则是减少饮食热量的摄入,均衡合理配备三大营养素和增加高膳食纤维等。饮食控制的原理就在于节制饮食并限制膳食总热量,使机体消耗的热能大于摄入热能,使热能处于一种负平衡状态,从而使体重减轻。

控制热能摄入,最简单的办法就是饥饿疗法,如禁食、节食、减食等。然而,每一种方法都有一个不可回避的问题,即饥饿。由此,许多减肥瘦身计划往往被迫中断,并带来不少副作用,故减肥瘦身者应该平衡膳食。

试图用长期禁食或控制饮食来“残酷”地限制卡路里摄取，是不科学的，也是危险的。长期的禁食或控制饮食将丢失大量的水分、电解质、无机盐、糖以及蛋白质来换取有限脂肪的减少。如果不坚持运动，仅靠节食，哪怕是长期的较为温和地控制饮食也会造成营养不良和肌肉的分解。

(一)减肥塑身者的饮食结构

适当减少食物中碳水化合物的摄入和提高蛋白质的摄取量，限制脂肪摄取量，补充丰富的维生素、矿物质、微量元素和食物纤维。调整饮食结构为的是在限制总热能的范围内合理分配蛋白质、脂肪和碳水化合物类热能的比值，达到营养平衡，既减重又要保证机体正常需要。合理的热能比值为蛋白质：脂肪：碳水化合物＝20％～25％：15％～20％：50％～60％。蛋白质以选用禽肉（如去皮鸡肉、清炖瘦牛肉等）、鱼肉（清蒸鱼等）、虾、鸡蛋白及豆制品、奶制品（如乳清蛋白、大豆蛋白、豆腐、豆浆、牛奶等）为佳，限制猪肉、鸡蛋黄（日摄入量不超过 2 个）的摄入，慎重选用火腿肠、肉肠、酱鸡翅、红烧肉、烤鸭、水煮鱼等。此外，蛋白质的摄入会使机体代谢率提高 30％，远高于碳水化合物和脂肪，有利于减脂。适量减少碳水化合物的摄入，以便于运动时动用游离的脂肪酸，但不能少于总能量的 45％～50％，一般可达 55％～60％。在减少碳水化合物摄入的同时，应优先选用全麦面包、煮玉米、粗粮杂粮等，慎重选用牛角面包、肉松面包、热狗面包、油饼、油条、点心、蛋糕，忌吃蔗糖、蜜糖、饴糖和含糖量多的饮料及糕点等，可减少胰岛素的分泌，从而减少脂肪的合成和脂肪的贮存。脂肪摄入量可控制在 6％～20％之间，但不可超过 25％。摄入适量的脂肪能够抑制胰岛素和胰高血糖素的分泌，促进机体的脂肪利用，并产生饱腹感。此外，适当饮水也是减肥的关键。在饮食控制过程中，如果限制饮水量，减体重速度看似较快，但在所减体重中，脂肪仅占 13％，水占 84％。而不限制饮水时，虽然减体重速度会慢一些，但在所减体重中，脂肪将占 25％，水占 75％。一般每天应喝七八杯水（2000～2500 毫升），体重越大饮水量应越多，体重每超过理想体重 13.5kg，就要在此基础上每天增加饮水 500 毫升。减肥者在节食期间，可选择一些营养好、热量低的食物食用，例如同是肉类，水产品像鱼、海参、蟹、海蜇等水生动物肉的热量就低于其他肉类；同是禽类，飞禽肉就比家禽肉热量低；同是畜肉，瘦肉就比肥肉（如五花肉）热量低；同是奶制品，脱脂奶就比全脂奶热量低。减肥者对水果的选择也有讲究，应优先选用苹果、梨子、猕猴桃、西红柿、橙子、柚子等，适量食用香蕉、西瓜和葡萄等。

1. 最佳减肥食物

（1）冬瓜：冬瓜除含水分外，还具有较高的营养价值，其中维生素 C 的含量较高，而且含有丙醇二酸，对防止人体肥胖、增进形体健美有重要作用。因此，常吃冬瓜有明显的减肥轻身作用。冬瓜自古为减肥妙品，在敦煌遗书《食疗本草》中说“将冬瓜煮熟吃，能使五脏得益”。能美容、明目、健体、养生。

（2）黄瓜：黄瓜用作“减肥美容的佳品”，长期以来一直受到人们青睐。现代药理学研究认为，鲜黄瓜中含有一种叫丙醇二酸的物质，它有抑制糖类转化为脂肪的作用。因此，多吃黄瓜有减肥作用。

（3）竹笋：竹笋的种类繁多，大致可分为冬笋、春笋、鞭笋三类。竹笋中所含的蛋白质比较丰富，并且有低脂肪、低糖、高纤维素的特点，食用竹笋，能促进肠道蠕动，帮助消化，促进排便，是理想的减肥蔬菜。

（4）罗汉果：罗汉果可鲜吃，但常烘干保存，是一种风味独特的干果。现代医学研究发现，罗汉果含丰富的糖甙，这种糖甙的甜度是蔗糖甜度的 300 倍，具有降糖作用，可以用来辅助治疗糖尿病；含丰富的维生素 C，有抗衰老、抗癌及美肤养颜作用；有降血脂及减肥作用，可辅助治疗高脂血症，改善肥胖者体形。

（5）柚子：柚肉中含有非常丰富的维生素 C 以及类胰岛素等成分，故有降血糖、降血脂、减肥、美肤养颜等功效。经常食用，对肥胖者有健体养颜功能。

（6）菱角：菱角的营养价值可与其他坚果媲美，中医认为，食菱角可以轻身，减肥健美。

（7）山药：山药最大的特点是能够给人体大量的黏液蛋白，这是一种多糖蛋白质，对人体有特殊的保健作用，能预防心血管系统的脂肪沉积，保持血管弹性，防止动脉粥样硬化过早发生，减少皮下脂肪沉积，避免出现肥胖。所以，山药是一种非常理想的减肥健美食品。

(8)魔芋：魔芋是一种低热量、高纤维素的传统食品。近年来，魔芋食品以它奇特的保健和医疗功效而风靡全球，并被称为“魔力食品”。首先，魔芋有助于去脂减肥。魔芋是低糖食物，吸水性强，在胃中可吸水膨胀并产生饱腹感，既可抑制食欲，又能降低体重，但不可多食。其次，魔芋有助于控制血糖，调节血糖平衡，预防糖尿病。魔芋在胃肠道形成凝胶体并附着在肠壁上，形成一层保护膜，延缓、降低、阻止胆固醇、甘油三酯和单糖等营养物质的吸收。所以它是糖尿病病人和体胖减肥者的理想食品。

(9)玉米：含有大量纤维，热量却近于零。

(10)菊花：菊花含有糖、脂肪、氨基酸、维生素C、维生素B等成分，具有良好的瘦身效能。

(11)苹果：午餐前吃苹果，可减少热量摄入并防止肥胖，每餐因此少摄入180卡热量。

2.其他低热量食物

除上述减肥食品外，还有一些低热量食品可放心享用，包括芦笋、芹菜、西兰花、番茄、香菇、莴苣、芫荽、小红萝卜及白萝卜、菠菜、苦瓜、南瓜、白薯、红薯、土豆、大蒜、海藻、绿豆芽、白菜、韭菜、黑木耳、海带、山楂、酸奶、豆腐、海蜇、兔肉、燕麦、玉米、糙米、醋、葱头、茶等。

此外有报道说吃辣椒能消耗更多的能量，有减肥作用，且辣椒越辣营养越高，世界上有一种“断魂椒”，其营养价值是辣椒中最高的，但不可吃太多。

3.纤维素食物

纤维素有利于减肥，其热量低，咀嚼时间长，容易填饱肚子，又可降低体内脂肪。如某些蔬果、燕麦片、干蚕豆、大麦等以及玉米、小米、荞麦等纤维性食物可降低血液中胆固醇，但不可吃太多，以免消化不良。

4.充饥食物

万一饥饿难耐，不妨吃一个水果当点心，和其他食物比较起来，水果提供的热量最少，当然也不可吃太多。

另外，饮食的脂肪含量高低与体重变化密切相关。研究发现，肥胖动物的体脂含量与饮食的脂肪含量呈显著性正相关。高脂饮食比高碳水化合物饮食更易导致体脂含量增加,即高脂肪饮食造成的能量代谢正平衡对体重增加作用更显著。

(二)减肥塑身者的饮食方式

合理分配三餐,正常一日三餐饮食热能量分配应为 3∶4∶3。减肥者科学的三餐热量分配大约为:早餐占全天总热量的 28%,午餐占 39%,晚餐占 33%,也可根据实际需要做适当调整。人体胰腺分泌的各种消化酶夜间高于白天,即消化吸收功能夜间好于白天,如果晚餐丰富、过量,加之晚间消耗能量的活动少,会增加体内脂肪储存。故晚餐忌吃得过饱和过于丰富,而宜清淡。还可适当增加早餐热量摄入,减少晚餐热量摄入。另外,睡前不要加餐,纠正吃零食的习惯,进食避免过快,少饮酒与咖啡,适量饮茶,少食盐,每天不超过 5g。改进烹饪方式,少煎、炒、烹炸、油焖、干烧,多拌、卤、煮、清蒸、滑溜,减少用油量等。

健身健美界还提倡一种饮食原则:能生吃的不要熟吃,能淡吃的不要盐吃,能素吃的不要油吃(肉要吃点)。

(三)减肥塑身者的食量控制

控制食量不等于禁食,如果摄入糖、脂肪过少,"脂库"中储存的脂肪转化为热量一时难以满足人体的正常活动需要,就会导致低血糖,出现头晕、心悸、乏力等症状。因此,控制饮食既不能禁食也不能减得太快,要逐渐递减。食量控制应以有饥饿感又能保持正常活动的精力、体力为宜,一般是逐步降低到正常需要热量的 60%~70%。

在任何一种情况下,每减少身体中 0.454kg 的脂肪,须消耗 14651kJ 热能。如果一个人每天有 2093kJ 能量的负平衡,那么每周可同样减少身体中 0.454kg 的脂肪。建议每周降体重的最大数量为 0.454~0.908kg(约 0.5~1.0 kg),每天的能量负平衡不宜超过 4186kJ。

对于肥胖的人,饮食调整的原则是控制总能量摄入基础上的平衡膳食。能量摄入一般每天建议减少 1256~2093kJ,严格控制油脂和精制糖,适量控制精白米面和肉类,保证蔬菜水果和牛奶的摄入。根据肥胖程

度的不同,减少总摄入热量标准如下:

如果是轻度肥胖者,每天减少热量摄入 523～1047kJ,每月可减脂 0.5～1.0kg;中度肥胖者每天减少热量摄入 1047～4186kJ,每月可减脂 0.5～1.0kg。但女性尽量勿使每天的膳食供能量低于 4186kJ,男性勿低于 5023kJ。

1. 正常人食量控制方法

目前,国际上推荐的正常人热能需要量(指非减肥者也应注意控制饮食):以 20～39 岁年龄段者的热能需要量作为基数,40～49 岁年龄段者减少供能 5%,50～59 岁年龄段者减少 10%,60～69 岁年龄段者减少 20%,70 岁以上年龄段者减少 30%。此法行之有效,可以延缓衰老过程。

2. 节食控制法的注意事项

(1)每天至少饮 2000 毫升水。

(2)准确了解自己的需要,摄入足够量的蛋白质。

(3)每天最好摄入 200～250g 碳水化合物(每顿约 1.5～2 两主食)和 10g 脂肪。

(4)不饿也要按顿饮食,并且吃各种食物。

(5)体重减少控制在 0.5～1kg/周,直至达到目的。

(6)避免吃泻剂、刺激剂、利尿剂,保证维生素和无机盐的摄入。

(7)饮食与体育锻炼相结合,每周至少 3 次,每次最好 40～60 分钟。

(8)长年锻炼,贵在坚持。

二、强身健体人群的饮食营养方案

(一)一般健身锻炼者的饮食方案

不论是增加肌肉体积还是减缩多余脂肪,都必须通过科学的健身健美锻炼才能实现,如果不注意科学合理的营养就达不到预期的效果。科学合理的健身健美锻炼与营养有机的结合是取得良好效果的基础。

健身界有句行话,叫“一半靠练,一半靠吃”;健美界也有句行话,叫“三分练,七分吃”。当然,“练”是指科学地练,“吃”是指合理吃。在健身健美训练的过程中,不少锻炼者对每日进餐次数和时间产生兴趣,这种对健身健美饮食的新态度，无疑有利于建立符合自己健身健美训练目标的良好饮食习惯。那么参加健身健美训练的人每天吃几餐？什么时间吃好？笔者认为，应根据人体一天消耗能量的需要和消化规律来确定，同时要与进餐和健身健美训练相适应，让食物所释放的能量和营养素及时地去满足“身体建设”的需求，从而发挥维护和提高身体健与美的更大功效。根据我国的国情和大众健美训练的特点，采用“日食五餐法”较为合适，即每天吃五次，每次吃 6～7 成饱，每餐间隔 3 小时左右成为基本的建议模式，或达到每日应摄取五餐热量之和的进餐方式。采用“日食五餐法”是因为眼下市场上供应的食物质量已逐渐优质化，烹调技术趋于科学化，食物选择实现多样化，食物被消化吸收的进程相对缩短，这种方式打破了人体生物钟的规律。对于参加健身锻炼的一般人来说，控制热能平衡非常重要。理想的膳食结构比例是蛋白质占总量的 18%～25%，脂肪占总量的 20%～30%，碳水化合物占总量的 55%～60%。同时，一日五餐热量的摄入也必须保持适当比例，即早餐应占全天总量的 20%，午前餐占 10%，午餐占 30%，午后餐占 10%，晚餐占 30%等。这样，就从根本上解决了健身健美锻炼者在三餐模式的每餐之间，容易产生饥饿感（在这个时间内的工作、学习效率滑向低谷）的“两饿”（锻炼前饿和锻炼后饿）与“偏食”（必需的营养成分不足而供能太多，或必要的营养成分过剩而供能缺乏）的问题。健身健美训练与进餐的相隔时间，一般是小到中等运动量，休息半小时后即可进餐；如果大运动量，应至少休息一小时后再进餐。

（二）健美运动员训练膳食指导性建议

1. 主要营养比例

蛋白质:碳水化合物:脂肪＝30%～35%:55%～60%:10%～15%。

2. 进餐次数

平均每天进餐 6～7 次。

3. 食物种类

谷类食物以米饭、馒头为主；蔬菜以西红柿、小白菜、芹菜梗、油麦菜、黄瓜为主；此外，芦笋、冬瓜、莴苣、芫荽、小红萝卜、菠菜、苦瓜、南瓜、白薯、红薯、山药、土豆、大蒜、海藻、绿豆芽、韭菜、辣椒、魔芋也可有选择地食用。水果以香蕉、西瓜和苹果为主;肉蛋类以牛肉、蛋清、无皮鸡胸、鱼、豆腐为主。

4. 烹调特点

肉类食物以水煮或清蒸为主,蔬菜以生吃为主,限制烹调用油和盐及含盐量高的佐料如酱油等。

5. 赛前饮食期营养补品建议

为了降低体脂,保持瘦体重,要尽可能保存食物中的维生素,降低糖、盐、油的摄入量。每天应补充一些营养补充品,如超级乳清蛋白,谷氨酰胺粉,左旋肉碱,蛋白棒等。

还应充分利用训练后补糖的最佳时间,除了运动前、中、后,尽量减少在其他时间食用加工过的糖,而应选用富含膳食纤维的食物如全麦食物,最后一次碳水化合物的摄入不要离晚上睡前太近。

总之,健身健美训练者应根据自己的年龄、体重、训练状况及经济条件等精心安排营养食谱,切勿照搬别人的。要明白只有丰富的营养物质和科学合理的膳食结构,才能使健身健美训练者在较短的时间内达到健身健美的目的。

三、康复人群的饮食营养方案

(一)高血压人群的饮食方案

高血压患者应适当控制饮食并减轻体重。建议体重指数(BMI,kg/nm^2)应控制在 24 以下。研究资料显示,如人群中平均体重下降 5kg,高血压患者体重减少 10%,则可使糖尿病、高脂血症和左心室肥厚得到改善。饮食上注意减少钠盐,每天不超过 5～6g。研究资料显示,即使不减少膳食中的钠和不减重,如能将膳食脂肪控制在总热量的 25%以下,多不饱和脂肪酸与饱和脂肪酸(P/S)比值维持在 1,连续 40 天就可使男性收缩压和舒张压下降 12%,女性下降 5%。同时要补充适量蛋白质,蛋白质占总热量 15%左右,动物蛋白占总蛋白质的 20%。并注意补充钾和钙,如绿叶菜、鲜奶、豆制品等,多吃蔬菜和水果。

(二)高脂血症人群的饮食方案

合理膳食是预防和治疗高脂血症的基础和有效措施。对于高脂血症人群来说,膳食治疗是最重要的。研究表明,膳食治疗能降低血清总胆固醇(TC)5%～10%,而TC每减少1%,冠心病的发病率就可下降2%。

1. 控制总热量,防止超重和肥胖

超重和肥胖除遗传因素以外,主要原因是热量摄入过多,过剩的热量转化为脂肪在体内蓄积。因此高血脂症多见于肥胖者。为了减少血脂的来源及减轻体重必须控制总热量的摄入,尤其是防止饮食中糖和脂肪的过量,维持正常体重。体重减轻后常可使血清甘油三酯降至正常。

2. 控制胆固醇和饱和脂肪酸的摄入

首先要控制的是胆固醇的摄入。高胆固醇来自于这几类食物,在选择食物时要予以控制:①蛋类:蛋类的蛋黄,如鸡蛋黄、鸭蛋黄、咸蛋黄、皮蛋黄等;②肉类:肥肉、鸡皮、鸡翅、凤爪、香肠、腊肠、腊肉等;③动物内脏:脑、腰、肝、肠等;④海产类:墨鱼、鱿鱼、虾膏、蟹黄、鱼子、鱼头等;⑤油类:奶油、牛油、鸡油、猪油、椰子及其制品如椰油、椰浆等。

其次要减少饱和脂肪酸的摄入。血浆甘油三酯水平与膳食中脂肪的摄入量有直接的关系,因此要限制脂肪摄入。在脂肪的摄入上,除控制膳食的脂肪"量"以外,脂肪的"质"也同样重要。人们日常食用的油脂有动物油和植物油两大类。一般说来,多数动物油中饱和脂肪酸的含量较高,而植物油中则是不饱和脂肪酸的含量居多。植物油分为三类:

(1)饱和油脂,如椰子油和棕榈籽油。这些油中饱和脂肪酸(SFA)的含量高,经常食用可以使血液中胆固醇水平增高。饮食中应减少这类油脂。

(2)单不饱和油脂是含一个不饱和键的脂肪酸,包括花生油、菜油和橄榄油等。膳食中单不饱和脂肪酸(MUFA)主要是油酸,食用油中橄榄油含油酸量可达84%,其次是花生油,含量为56%,玉米油含49%,芝麻油含45%,这些油中单不饱和脂肪酸含量较高,它们不会改变血液中胆固醇水平。地中海地区(希腊、意大利等)人群血清TC水平较低,可能与其膳食中富含橄榄油有关。

(3)多不饱和油脂,如大豆油、玉米油、芝麻油、棉籽油、红花油和葵花籽油。这些油中多不饱和脂肪酸(PUFA)含量较高,它们可以降低血清中胆固醇水平。多不饱和脂肪酸(PUFA)是指含两个或两个以上不饱和键的脂肪酸。按所含双键数目与位置不同,多不饱和脂肪酸主要有 ω-6 脂肪酸和 ω-3 脂肪酸两种类型,大部分存在于植物油中。

3. 食物多样化及合理搭配

(1)保持热量均衡分配,饥饱不宜过度,不要偏食,切忌暴饮暴食,改变晚餐丰盛和吃夜宵的习惯。

(2)主食应以谷类为主,粗细搭配。粗粮中可适量增加玉米、莜面、燕麦等成分,保持碳水化合物供热量占总热量的 55%以上。

(3)增加豆类食品,如豆腐、豆浆、绿豆、芸豆等。以干豆计算,平均每日应摄入 30g 以上,或豆腐干 45g 或豆腐 75~150g。豆类食品除了能够提高蛋白质利用率以外,豆制品中含有的大豆蛋白又能显著降低血清总胆固醇、低密度脂蛋白和甘油三酯的水平。此外,豆制品中不含胆固醇,仅含有的植物固醇阻止肠道吸收食物中的胆固醇。豆制品中含有的卵磷脂能使胆固醇不致沉积在血管壁上形成动脉硬化斑块。因此,常吃豆制品对降低血脂很有益处。

(4)在动物性食物的结构中,增加含脂肪较低而蛋白质较高的动物性食物,如鱼、禽、瘦肉等,减少陆生动物脂肪,最终使动物性蛋白质的摄入量占每日蛋白质总摄入量的 20%,每日总脂肪供热量不超过总热量的 30%。膳食中胆固醇含量不宜超过 300mg/日。

(5)食用油保持以植物油为主,每人每日用量以 25~30g 为宜。

(6)膳食成分中应减少饱和脂肪酸,增加不饱和脂肪酸(以人造奶油代替黄油,以脱脂奶代替全脂奶),使饱和脂肪酸供热量不超过总热量的 10%,单不饱和脂肪酸占总热量的 10%~15%,多不饱和脂肪酸占总热量的 7%~10%。

(7)提高多不饱和脂肪酸与饱和脂肪酸的比值。西方膳食推荐方案应达到的比值为 0.5~0.7,我国传统膳食中因脂肪含量低,多不饱和脂肪酸与饱和脂肪酸的比值一般在 1 以上。

(8)多吃富含维生素、无机盐和纤维素的食物。保证每人每日摄入的新鲜水果及蔬菜达 400g 以上,并注意增加深色或绿色蔬菜比例。它们含维生素 C、无机盐和纤维素较多,能够降低甘油三酯,促进胆固醇的排泄。

(9)减少精制米、面、糖果、甜糕点的摄入,以防摄入热量过多。

(10)适当减少食盐摄入量,每日食盐摄入量应在 6g 以下。

(11)少饮含糖多的饮料,多喝茶;咖啡可刺激胃液分泌并增进食欲,但也不宜多饮。

(12)要避免饮酒,酒能够抑制脂蛋白酶,可促进内源性胆固醇和甘油三酯的合成,导致血脂升高。

4. 根据饮食搭配原则建议选用的食品

(1)豆制品,它的多种有益作用前文已经介绍。

(2)黑木耳、香菇。黑木耳有抗血小板凝集、降低血脂和阻止血胆固醇沉积的作用。香菇有调节人体新陈代谢、降血压、降血脂作用,并能降低肝脏中的脂肪和胆固醇的含量。近年来发现菇类中含有丰富的“香菇素”,每 3～4 朵的香菇中含香菇素 100mg,具有降脂和保健作用。

(3)降脂食物,如酸牛奶、大蒜、绿茶、山楂、绿豆、洋葱、香菇、蘑菇、花生、淡菜、平菇、金针菇、木耳、银耳、猴头菇等食物。

(4)荞麦、燕麦、大麦。荞麦、燕麦、大麦中含有丰富的可溶性纤维。可抑制小肠对胆固醇的吸收与代谢,降低血胆固醇水平。

(5)大蒜、洋葱。大蒜有舒张血管、抗血小板凝集和阻止胆固醇的生物合成作用。洋葱有降血脂和抗动脉硬化作用,对高血压病人还有降血压作用。

(6)鱼类。有降血脂作用。尤其是海鱼,降脂作用更好。

(7)其他,如玉米、土豆、绿茶、牛奶、南瓜、黄瓜、茄子、苹果等也都有一定的降血脂作用。

(三)骨质疏松症人群的饮食方案

骨质疏松症包括骨矿物质和骨基质的减少,矿物质主要由钙、磷和一些微量元素组成,骨基质主要由胶原蛋白组成。当人的饮食中缺少钙、磷、蛋白质和微量元素就会导致骨质疏松,所以营养与骨质疏松关系密切。其中适量补钙就是预防骨质疏松症的最重要环节。为了防治骨质疏松症,需要注意以下的营养补充。

1. 合理的膳食结构

我国居民的膳食基本上属于贫钙膳食。其原因是:首先,膳食结构主要以植物性食物为主,钙含量低;其次,乳及乳制品的摄入量低;最后,钙吸收的干扰因素较多,例如植酸影响钙的吸收。针对我国贫钙膳食的特点,应该依据我国膳食指南,增加乳及乳制品等钙含量丰富的食品。含钙高的食物有奶制品、鱼虾、河蚌等,尤其虾皮的含钙量相当丰富。此外,芝麻、豆制品、紫菜、海带含钙量也很丰富,新鲜蔬菜的含钙量也很高。老年妇女每天喝两杯牛奶再加至少一顿鱼虾、蔬菜或豆制品,补钙量就接近一天的正常所需。

饮食中的钙、磷、镁的摄入量及比例协调是极为关键的。其中钙是最重要的成分,它直接参与骨的形成,而磷和镁构成骨形成的重要成分。对钙、磷、镁的摄入,以膳食补给为佳。由于正常饮食中含磷极为丰富,几乎不会缺乏,所以重要的是钙、镁的补充。应多吃钙、镁含量丰富的食品。首选为牛奶,每100毫升牛奶中含钙120mg,约2/3可被人体吸收。同时牛奶中含有丰富的磷和镁。

2. 适时适量补钙

维持体内钙平衡所需要的钙量,要从日常膳食的摄取中补足。如果人体从食物中摄取的钙不足以满足需要时,就要额外补充钙剂。目前我国钙的适宜摄入量的标准是18～50岁成年人每天800mg;50岁以上的中老年人每天1000mg。

目前,在与年龄相关的骨质疏松症的临床治疗中,常选用某些抗骨质吸收的药物(如雌激素、降钙素、维生素D及其衍生物和双磷酸盐等)与钙剂联合治疗。事实证明,补钙能使抗骨质疏松药物的疗效最佳化。从不同部位骨骼的骨量变来看,雌激素加钙剂的效果相当于只用雌激素效果的25～52倍。因此,通过膳食或钙剂进行钙的补充是与年龄相关的骨质疏松症的首选治疗方法之一。

3. 选用大豆植物雌激素

以往的研究表明,大豆中含有植物雌激素,可以减轻更年期的一些症状，而没有药用雌激素的副作用。同时，发生腰痛和关节痛的可能性也较少。豆制品是中国人喜爱的食物之一，也是更年期妇女的天然保健食品，能够有效预防骨质疏松症。

4. 注重维生素D的营养

在补钙的同时，也可以补充适量的维生素D。除此以外，户外活动接受日光中的紫外线照射，有利于人体皮肤合成维生素D，促进食物中钙质的吸收及钙质在骨骼中的沉积，从而达到预防骨质疏松的作用。

5. 减少糖和盐的摄入

减少糖和盐的摄入也有利于骨质疏松的预防。糖是酸性食物，酸性食物进入人体后要消耗大量的维生素B和钙元素。食盐过多影响钙质在人体骨骼中的沉积，因此，少吃糖和盐可减少骨质疏松症的发生。

第四章　合理营养与健康

第一节　合理营养研究

一、合理营养的含义

合理营养就是按照平衡膳食的原则，将食物进行合理的主副搭配、荤素搭配、粗细搭配以及多样搭配，以优化食物组合，并通过合理的烹调，满足机体对食物消化、吸收和利用过程的要求。合理营养可维持人体的正常生理功能，促进健康和生长发育，提高机体的劳动能力、抵抗力和免疫力，有利于某些疾病的预防和治疗。忽视合理营养将产生障碍以至发生营养缺乏病或营养过剩性疾病。

合理营养的基本要求应包括以下几点。

(1)膳食中所含的各种营养素能提供适量的能量、细胞更新的材料以及维持正常的生理机能，满足人们生活、学习、劳动和生长发育以及智力发展的特殊需要。

(2)多种食物的搭配合理，以防偏求全、趋利避害、取长补短，使营养供给更为全面，有利于各种营养素的消化、吸收与利用。

(3)讲究食物的加工方法和烹调技术，所制作的食物成品应色、香、味、形、质俱全，既有利于消化吸收，又能引起人的食欲。

(4)进餐要有规律，饥饱适中，质量平衡，适时适量。餐次和食物的质量分配，必须与生活、学习、劳动需要以及特殊需求相适应。

(5)讲究饮食卫生，把住“病从口入”关，防止一些病原微生物、有毒农药、化学物质污染食物，做好“洁食”的自我防卫工作，以防止食物中毒发生。

二、不合理饮食行为对健康的影响

(一)导致营养失调

营养失调会产生营养不良,营养不良(malnutrition)是指由于一种或一种以上营养素的缺乏或过剩所造成的机体健康异常或疾病状态。营养不良包括两种表现,即营养缺乏(Nutrition Deficiency)和营养过剩(Nutrition Excess)。营养缺乏与营养过剩均对人体健康产生不良影响,会直接造成人口素质下降,甚至危及生命。近几年来,我国居民的膳食、营养状况有了明显改善,营养缺乏患病率继续下降,但一些与营养过剩有关的疾病,如高脂血症、糖尿病、肥胖等营养过剩性疾病仍然存在。因此,目前我国居民正面临着营养缺乏与营养过剩的双重挑战。

1. 营养缺乏

营养缺乏病是由于营养素摄入不足所导致的疾病。目前的四大营养缺乏病是蛋白质—能量营养不良、缺铁性贫血、碘缺乏病、维生素 A 缺乏病。其他常见的营养缺乏病还有钙、维生素 D 缺乏引起的佝偻病,维生素 B_1 缺乏引起的脚气病,维生素 C 缺乏引起的坏血病,锌缺乏引起的厌食症等。各种营养素的缺乏都可产生相应的缺乏病。

近年来,由于我国居民膳食状况改善,典型的营养缺乏病已不多见,各种亚临床的营养缺乏或营养素不足受到重视,因此营养缺乏病也包括亚临床营养缺乏状态。

亚临床的营养缺乏状态是由于经济原因和饮食结构出现偏差等导致体内某种营养素含量不足,但尚未达到缺乏的程度,毫无症状或仅有轻微症状。营养素的亚临床缺乏状态是营养缺乏的主要问题之一,亚临床营养缺乏者体内由于维生素营养水平及其生理功能处于低下状态,会降低机体对疾病的抵抗力,降低工作效率和生活质量,有时也可出现某些症状,如食欲差、视力降低、容易疲乏等,但因这些症状不明显、不特异,常被人们忽略,对此应有高度的警惕性。

2. 营养过剩

营养过剩最主要、最直接的原因是饱食。长期饱食还会使人体弱多病。吃得过多还会使大脑早衰，引起头脑迟钝。当摄入的营养素超过机体的需要时，除增加机体代谢负担外，多余的营养素将贮存在体内，导致营养过多症，有的还会引起中毒。

营养过剩性疾病是由于营养素摄入过多所产生的疾病，如高热量、高脂肪、高蛋白。特别是动物脂肪摄入过多，会引起营养过剩性疾病，如肥胖症、高血脂、冠心病、糖尿病等。一些营养素摄入不合理还与一些肿瘤的发病有关，如脂肪摄入过多与乳腺癌、结肠癌、前列腺癌的发病有关。此外，维生素 A、维生素 D 摄入过多，可造成维生素 A、维生素 D 中毒。

（二）引起疾病

随着生活水平的提高，人们饮食结构和营养水平的不断提升，患“富裕性疾病”的现象也越来越多。富裕性疾病是指高血压、冠心病、高血脂、糖尿病和肥胖症五种疾病。据悉，这类疾病极易导致急性脑血管意外、心肌梗死、心衰等。在某些已经改善了营养、增进了居民健康和寿命的发达国家里，因为营养过剩和营养不平衡，出现了一系列的富裕性疾病，这些疾病威胁着人们的健康和生命。

第二节　营养状况评定标准概述

一、膳食营养素参考摄入量

人体需要的各种营养素都需要从每天的饮食中获得，因此必须科学安排每日膳食，以提供数量及质量适宜的营养素。如果某种营养素长期摄入不足或过多就可能引起相应的营养不足或过剩的危害。为了帮助个体和群体安全地摄入各种营养素，避免可能产生的营养不足或过剩的危害，以及更好地指导人们达到合理营养，营养学家在通过大量调查研究的基础上，提出了适用于各年龄、性别及不同劳动强度、生理状态人群的膳食营养素参考摄入量(DRIs)标准。

膳食营养素参考摄入量(DRIs)是一组每日平均膳食营养素摄入量的参考值，它是从营养素供给量(RDA)的基础上发展起来的，主要包括四个营养水平指标，即平均需要量(EAR)、推荐摄入量(RNI)、适宜摄入量(AI)和可耐受最高摄入量(UL)。

(一)平均需要量(EAR)

EAR 指某一特定性别、年龄及生理状况的群体对某营养素需要量的平均值，是根据个体需要量的研究资料计算得到的。EAR 是依据某些指标进行判断的，当营养素摄入量达到 EAR 的水平时，即可满足某一特定性别、年龄及生理状况的群体中 50%个体的营养需要，但不能满足另外半数个体的需要。EAR 是制定 RNI 的基础。

(二)推荐摄入量(RNI)

RNI 是指满足某一特定性别、年龄及生理状况群体中绝大多数个体 97%～98%的需要量水平，可作为个体每日摄入该营养素的目标值。长期摄入量达到 RNI 水平，可满足机体对该营养素的需要，保持健康和维持组织中有适当的营养素储备。制订 RNI 是以 EAR 为基础的，如果已知 EAR 的标准差，RNI 则为 EAR 加两个标准差，即 RNI＝EAR＋2SD。如果资料不充分，不能计算标准差，一般设 EAR 的变异系数为 10%，即 RNI＝1.2×EAR。

(三)适宜摄入量(AI)

AI 是通过观察或实验获得的健康人群某种营养素的摄入量。当个体需要量的研究资料不足，不能计算 EAR 而求得 RNI 时，可设定 AI 来代替 RNI。AI 和 RNI 的相似之处是两者都能满足目标人群中几乎所有个体的需要，但 AI 的准确性远不如 RNI，可能高于 RNI。

（四）可耐受最高摄入量（UL）

UL 指平均每日可摄入某营养素的最高量。UL 是几乎对所有个体健康不产生危害的上限剂量，一般包括膳食、强化食品和添加剂等各种来源的营养素之和。当个体摄入量超过 UL 时，损害健康的危险性可能出现。UL 指的是这一摄入水平在生物学上一般是可以接受的，但并不表示可能是有益的。因此，应注意不能以 UL 来评估人群发生毒副作用的危险性。

不同的个体由于其年龄、性别和生理状况不同，对各种营养素的需要量可能都不相同，一般成年人需要从膳食中获取营养素来维持体重及保证机体各种生理功能。儿童、青少年除了维持外，还需要获得更多的营养素来满足生长发育的需要。妊娠和哺乳期的妇女还需要获得额外数量的营养素，以保证胎儿和幼儿的生长发育以及母体相关组织增长和泌乳的需要。所以，具体的膳食营养素需要量，需要根据体重、个体发育等可观测指标来调整。

DRIs 长期以来营养配餐过程中设置营养目标数值的重要理论基础，它是作为一个尺度用来衡量取得实际营养素摄入量与营养目标的距离。DRIs 也是配餐调整或评价的根据，不管是为个体还是群体计划膳食，目的都是安排一种营养适宜的优质膳食，或者说把膳食导致营养不足或过剩的可能性降到最低。

二、营养调查与评价

营养调查（Nutritional survey）是运用科学手段来了解某一人群或个体的膳食和营养水平，以此判断其膳食结构是否合理和营养状况是否良好的重要手段。我国曾于 1959 年、1982 年和 1992 年分别进行了三次全国性的营养调查，2002 年开展的“中国居民营养与健康状况调查”，将第四次全国营养调查与肥胖、高血压、糖尿病等慢性病调查一起进行。这些营养调查是对不同经济发展时期人们的膳食组成变化、营养状况进行的全面了解，为研究各时期人群膳食结构和营养状况的变化提供了基础资料，也为食物生产、加工及政策干预和对群众的消费引导提供了依据。

(一)营养调查与评价的目的

(1)了解不同地区、不同年龄组人群的膳食结构和营养状况。

(2)了解与食物不足和过度消费有关的营养问题。

(3)发现与膳食营养素有关的营养问题，为进一步监测或进行原因探讨提供依据。

(4)评价居民膳食结构和营养状况的发展，并预测今后的发展趋势。

(5)为某些与营养有关的综合性或专题性研究课题提供基础资料。

(6)为国家制定政策和社会发展规划提供科学依据。

(二)营养调查与评价的内容

全面的营养调查工作一般由四部分内容组成，即膳食调查、体格测量、营养状况的实验室检测、营养缺乏病的临床检查。这四部分调查检测工作是互相联系和互相验证的，一般同时进行。营养评价(Nutritional Assessment)则是全面评价这四部分内容，客观地对其所发现人群中的营养问题提出解决措施。

(三)膳食调查

1.膳食调查的目的

膳食调查的目的是通过各种不同的方法对膳食摄入量进行评估，从而了解在一定时期内人群膳食的摄入状况以及人们的膳食结构、饮食习惯，借此来评定营养需要得到满足的程度。

膳食调查是营养调查中的一个基本组成部分，它本身又是相对独立的内容。随着营养学研究的深入进展，膳食对人体健康的重要影响越来越受到人们的关注。膳食调查所得到的摄入量数据用途很广，它是国家政府机构制定政策的依据，是学术界从事科研工作的依据，也是企业研发新产品的数据基础。营养教育部门针对居民的膳食问题进行正确的膳食指导也都需要膳食评价方面的数据。为了了解不同地区、不同生活条件下人群的膳食习惯、食物品种及每日从食物中所能摄取各种营养素的量，营养工作者经常选择适当的膳食调查方法对有关人群进行膳食评价。

2.膳食调查的方法

膳食调查是调查被调查对象在一定时间内通过膳食所摄取的能量和各种营养素的数量和质量，以此来评定该调查对象正常营养需要能得到满足的程度。

膳食调查通常采用的方法有称重法、记账法、化学分析法和食物频数法等。这些方法可单独进行，也可联合进行。进行膳食调查时，可根据调查研究的目的、研究人群、对方法精确性的要求、所用经费以及研究时间的长短来确定适当的调查方法。膳食调查的方法有多种，不同研究者对膳食调查方法的定义和解释不尽相同。

（四）体格测量

身体形态和人体测量资料可以较好地反映测量对象的营养状况，体格的大小和生长速度则是营养状况的灵敏指标。体格测量的数据越来越被认为是评价群体或个体营养状况的有用指标，特别是学龄前儿童的体格测量结果，常被用来评价一个地区人群的营养状况。这是因为儿童在整个人群中最敏感，具有代表性，其测定方法比较规范，对人群营养状况的反映比较灵敏，而且所需费用相对较低。常用的体格测量项目有身高（身长）、体重、头围、皮褶厚度、胸围、腰围、臀围等。

1.几种常用的人体测量指标

（1）身高（身长）

身高是指从足底到颅顶的高度。对儿童来说身高是生长发育最有代表性的一项指标，受遗传、种族和环境的影响较为明显，但是短期膳食对儿童身高的影响不如对体重的影响明显，所以身高指标不适合用于对新近营养状况的评价，而只能反映儿童较长时间的营养状况。

对于成人来讲，身高发育已经完成，单纯的身高测量不能反映营养状况，必须和体重指标结合起来才能评价营养状况。成人身高测量的意义在于计算标准体重，或用于计算体质指数，进而反映能量和蛋白质的营养状况。

(2)体重

体重是指人体各部分的质量之和。在生长发育阶段，体重是反映蛋白质和能量营养状况的重要指标，被认为是反映儿童生长发育最重要的也是最灵敏的指标。准确地测量儿童的体重可及时发现儿童生长发育速度改变的有关问题，如是否出现肥胖趋势等。对于成人来说，体重的变化主要反映了能量的营养状况，长期能量过剩会引起体重增加，而长期能量不足会导致体重降低。

(3)头围

对3岁以下儿童测量头围。头围是指经眉弓上方突出部，绕经枕后结节一周的长度。头围主要反映颅脑的发育情况。如果儿童的头围值明显超出正常范围，则可能患脑积水、巨脑症及佝偻病等疾病。如果头围值过小，则可能是脑发育不全、头小畸形等。测量儿童头围对营养状况评价有一定意义，是学龄前儿童(婴幼儿)生长发育的重要指标。

(4)皮褶厚度

皮褶厚度是衡量个体营养状况和肥胖程度较好的指标。测定部位有上臂肱三头肌部、肩胛下角部、腹部、髂嵴上部等，其中前三个部位最重要，可分别代表个体肢体、躯干、腰腹等部分的皮下脂肪堆积情况，对判断肥胖和营养不良有重要价值。

(5)胸围

胸围是指从两乳头线到后面两肩胛骨下角下缘绕胸一周的长度，是胸腔容积、胸肌、背肌的发育和皮下脂肪蓄积状况的重要指标之一，借此还可了解儿童呼吸器官的发育程度。

(6)腰围

腰围测量对于成人超重和肥胖的判断尤为重要，特别是腹型肥胖。因为根据腰围可以很好地预测腹部脂肪是否堆积过多，所以是预测代谢综合征的有力指标。即使是对于体重正常者，腰围增加也同样是患病风险升高的一个标志。

(7)臀围

臀围反映髋部骨骼和肌肉的发育情况，与腰围一起可以很好地评价和判断腹型肥胖。因为脂肪无论堆积在腰腹或内脏，都难以直接测量，所以腰臀围比值是间接反映腹型肥胖的最好指标。腰臀围比值越大，腹型肥胖程度越高。

实际工作中常以人的体重、身高和皮褶厚度作为评价营养状况的综合指标。这三项指标被世界卫生组织列为营养调查的必测项目，不同年龄组所用的指标不同。

2.体格测量的评价

身高、体重的测量是体格测量的主要内容，其表示方法有按年龄的身高、按年龄的体重及按身高的体重。按年龄的身高偏低，表示较长期的慢性营养不良；而按身高的体重偏低，表示较急性的营养不良。不同年龄和性别的人群其评价方法不同，特别是儿童的评价方法较多，其评价标准各国也不一致。由世界卫生组织推荐，美国国家卫生统计中心(NCHS)提出的身高和体重数值，已被大多数国家采用，我国目前也以此作为评价儿童生长发育状况的参考标准。

(五)营养状况的实验室检测

营养缺乏病在出现症状前，即所谓亚临床状态时，往往先有生理和生化改变。正确选择相应的实验室检测方法，可以尽早发现人体营养储备低下的状况。营养状况的实验室检测指的是借助生化、生理实验手段，发现人体临床营养不足症、营养储备水平低下或营养过多，以便较早掌握营养失调征兆和变化动态，及时采取必要的常用预防措施。有时为研究某些有关因素对人体营养状态的影响，也对营养水平进行研究测定。

营养状况的实验室检测与膳食调查、临床检查资料结合进行综合分析，对于进行营养评价以及营养素缺乏病的正确诊断和制定防治措施等均有重要意义。评价营养状况的实验室测定方法基本上可分为：①测定血液中的营养成分或其标志物水平；②测定尿中的营养成分排出或其代谢产物；③测定与营养素有关的血液成分或酶活性的改变；④测定血、尿中因营养素不足而出现的异常代谢产物；⑤进行负荷、饱和及同位素实验。营养状况的实验室检测目前常测定的样品为血液、尿样等。

（六）营养缺乏病的临床检查

营养缺乏病是指由于机体内长期缺乏某一种或数种营养素而引起的一系列临床症状。发病原因大致可分为营养素摄入不足，消化道对某些营养素吸收障碍，机体代谢障碍，机体需要量增加，某些疾病对物质代谢的影响。

营养缺乏病的发病过程经历储存不足、生理生化改变、功能异常和组织形态改变四个阶段。在功能异常阶段以前，患者主诉或体检不易发现明显的异常，属于亚临床缺乏。营养缺乏病的临床表现与人体对营养素需要量的适应性有关。长期处于低营养供给水平，人体对营养素的需要可产生适应性，即可以降低其最低需要量和延迟缺乏症状的出现；反之，如长期处于高营养供给水平，则一旦降低，虽未达到最低需要量之下，亦易出现缺乏。

借助感官或有关的检查器具来了解机体营养以及健康状况的一组最基本的检查方法，其目的是观察被检查者是否有与营养状况有关的症状、体征等，从而做出营养正常或失调的临床诊断。在体检中发现的许多症状和体征的病因并不是专一的，营养素缺乏往往为多发性，发现一种营养素缺乏的表现时，常提示亦伴有其他营养素不足的可能。

三、营养教育

营养教育是指通过营养信息交流，帮助个体和群体获得食物与营养知识，培养健康生活方式的教育活动和过程，也是健康教育的一个分支和重要组成部分。按照世界卫生组织的定义，营养教育是通过改变人们饮食行为而达到改善营养状况目的的一种有计划的活动。

(一)营养教育概述

营养教育的目的在于提高各类人群对营养与健康的认识,消除或减少不利于健康的膳食营养因素,改善营养状况,预防营养性疾病的发生,提高人们的健康水平和生活质量。2002年,中国居民营养与健康现状调查结果表明,我国城乡居民的膳食营养状况有了明显改变,营养不良和营养缺乏患病率继续下降,同时我国正面临营养不良和营养过剩的双重挑战。一方面,微量营养素缺乏仍是城乡普遍存在的问题,其中钙、铁、维生素A的缺乏最为突出。另一方面,不合理的饮食(如高能量、高糖、高脂肪、高盐等)引起的高血压、糖尿病、癌症等慢性疾病影响着国民的健康和生命。

1.营养教育的对象

营养教育的对象广泛,主要包括以下几点。

(1)个体。主要是公共营养和临床营养工作的对象。

(2)各类组织机构。主要包括学校、部队、企业或各类社会团体组织等。

(3)社区。主要包括街道、居委会、餐馆、社区保健等各种社会职能机构。

(4)政府部门。主要包括从中央到地方各级政府部门和机关单位及有关领导干部和工作人员。

2.营养教育工作者的能力要求

营养教育是有计划、有组织、有系统和有评价的干预活动,为人们提供必需的营养知识和技能。营养教育工作者需要具备的能力有以下几点。

(1)掌握营养与食品卫生学、食品学、预防医学、卫生经济学等方面的专业理论知识。

(2)了解社会、经济、有关政策以及文化因素对膳食营养状况的影响。

(3)具有社会心理学、教育学以及行为学的基础。

(4)具有传播营养知识的能力。

(5)有一定的现场组织协调和研究能力。

3.营养教育的主要内容

(1)有计划地对从事餐饮业、农业、商业、轻工、医疗卫生、疾病控制、计划等部门的有关人员进行营养知识培训。

(2)将营养知识纳入中小学的教育内容和教学计划,要安排一定课时的营养知识教育,使学生懂得平衡膳食的原则,培养良好的饮食习惯,提高自我保健能力。

(3)将营养工作内容纳入初级卫生保健服务体系,提高初级卫生保健人员和居民的营养知识水平,合理利用当地的食物资源改善营养状况。

(4)利用各种宣传媒介,广泛开展群众性营养宣传活动,倡导合理的膳食模式和健康的生活方式,纠正不良的饮食习惯等。

4.营养教育的发展现状

发达国家及一些发展中国家非常重视国民营养教育和食物营养知识的普及以及营养师的培养,并积累了许多经验,值得我们借鉴。欧美、日本等发达国家在半个多世纪以前就意识到:“科学的营养搭配、均衡的膳食可以改变一个人、一个家庭乃至一个民族的前途。”时至今日,这些国家的营养教育、营养知识已相当普及,基本养成了良好的饮食习惯,各种营养指导员、营养咨询师及国民的素质均得到大幅度提升。

我国的营养教育不断发展,特别是对幼儿园儿童家长的教育方面取得了明显成效。1997 年,我国政府制定了《中国营养改善行动计划》,2000 年又颁布了《全国中小学营养工作研讨会纪要》。近年来,各地中小学校在当地政府的支持下对中小学生营养早餐进行补贴,这些健康教育的政策和行动有力地促进了学龄儿童的健康成长。目前,健康教育分为多个版块,如营养、心理、运动、康复、保健、减肥、养生和其他等。这是一个好现象,是市场发生在一定阶段下的必然产物,也是市场细分的一种体现,同时标志着健康教育行业逐步走向成熟。

但也要清醒地意识到，我国当前的营养健康教育普及还是相对滞后的，仍有许多人，在营养膳食方面存在很大的误区，而我国的营养师现状不容乐观。在整个教育行业的发展中，营养教育仅仅只占了市场总额的18%左右。社会上主要存在三个问题和矛盾，一是大众对营养健康的需求很高，二是老百姓的健康素养很低，三是社会对大众提供健康教育和科普教育的平台太少。除此之外，还包括商业模式、营销模式、管理模式都存在很多问题。

这些现象启示我们，应该将营养健康教育的职业道德放在首位，以社会责任为己任，在全社会大力宣扬科学饮食的重要性，普及营养健康知识，树立平衡膳食观念，全面提高全社会、全民族的膳食营养水平和身体素质。

（二）营养教育的实施步骤

营养教育是一个有计划、有组织的系统工程，一个完善的营养教育项目应当包括下述六个方面的工作。

1.了解教育对象

首先对教育的目标人群进行简略的调查和评估，发现和分析其主要的营养健康问题，及其对生活质量的影响，然后进一步从知识、态度、行为等方面分析问题的深层次原因，同时对与营养有关的人力、财力资源，以及政策和信息资源进行了解和分析，以便充分认识教育对象特别需要的营养健康信息，为制订计划提供可靠依据。

2.制订营养教育计划

有针对性地设计营养教育计划，是营养教育取得成功的基础。营养教育的设计应包括确定教育对象、教育目的、宣传给教育对象的知识；制定目标；选择评价指标和评价方法；确定实施计划的日程、人员安排和经费预算等。

评价计划也应当预先制订，包括评价方法、评价指标、实施评价的机构和人员、实施评价的时间以及结果的使用等。

3.确定营养教育的途径和资料

在调查研究的基础上,要明确教育目标和教育对象,以便选择有针对性的教育材料。应尽量利用现存的营养宣教材料,选择营养宣教的最佳途径,以及宣教内容和宣传形式的最佳结合。为此需要考虑以下几个方面。

(1)确认是否有现成的、可选用的营养教育材料。对于能收集到的相关营养宣传材料,可直接选用,如果收集不到,可以自行设计制作,如小册子、挂图、传单等。

(2)确定对教育对象进行营养教育的最佳途径。宣传途径包括个体传播、面对面交流、讲课、大众传播等。

(3)确定营养教育最适合的宣传方式。宣传方式包括小册子、幻灯片、录像带、讲课等。

4.准备营养教育资料和进行预试验

根据要求编写相关的营养教育资料。进行预试验主要是为了得到教育对象的反馈意见。可采用专题讨论或者问卷调查了解有关情况,如教育对象对资料的反映,对宣传教育内容、形式、评价的建议,教育对象能否接受这些信息等。根据收集的意见对教育资料做出修改。

5.社区营养教育实施

完成上述准备工作后,就可以按照计划实施社区营养教育。教育内容和形式可根据不同的项目来选择。例如,可以多举办营养培训班、散发营养教育资料及组织生动活泼的讨论会,使得社区人群了解"中国居民膳食指南"和"中国居民平衡膳食宝塔",知道如何调节膳食结构,做到科学饮食、合理营养,认识某些疾病的营养防治措施以及如何纠正不良的饮食习惯等。

6.教育效果评价

对营养教育计划活动的每一个步骤进行分析,并进行综合评价,分为近期、中期和远期的效果评价。近期效果即目标人群的知识、态度、信息、服务的变化;中期效果主要指行为和相关危险因素的变化;远期效果是人们营养健康状况和生活质量的变化。通过评价可以得出以下结论。

(1)计划目标是否达到。

(2)实施营养教育产生了什么效果。

(3)每一阶段活动的执行是否按计划进行(包括工作内容、要求,经费使用进度等)。

(4)营养计划有效果或无效果的原因是什么。

(5)根据执行中的问题决定是否需要对远期计划进行补充。

(6)取得了哪些成功的经验。

应根据上述几个方面的内容,以目标人群营养知识、态度和行为的变化为重点,写出营养教育的评价报告。并通过评价,将取得的经验进行总结归纳,以便进一步推广。

(三)营养教育的相关理论

1. 健康传播理论

随着传播学在公共卫生与健康教育领域的引入,健康传播(Health Communication)于20世纪70年代中期诞生。进入21世纪,健康教育与健康促进已被确立为卫生事业发展的战略措施,在医疗预防保健中的作用日益加强。健康传播是健康教育与健康促进的基本策略和重要手段,是健康教育方法学研究的重要内容。

(1)传播及其基本特点

传播是人类通过符号和媒介交流信息,以发生相应变化的活动。这一定义强调了人类社会的信息传播所具有的基本特点:传播具有社会性、普遍性、互动性、共享性、符号性和目的性。

(2)传播要素与基本过程

人类社会的信息传播具有明显的过程性和系统性。描述传播过程的经典传播模式有拉斯韦尔五因素传播模式、施拉姆双向传播模式等。一个基本的传播过程主要由传播者、受传者、信息、传播媒介和反馈五个要素构成。

(3)传播对人类健康的影响

人的社会存在决定了对信息传播的必然需要。传播是个人实现社会化过程的必要条件,是人与人之间建立社会关系的纽带,是人类文明与社会发展的工具。传播对人的身心健康的影响主要表现在三个方面:①人际传播和群体传播是影响个人健康的社会心理因素;②媒介环境是作用于人类健康的重要社会环境因素;③信息对人的身心健康具有双面效应。

(4)健康传播

健康传播是指以"人人健康"为出发点,运用各种传播媒介、渠道和方法,为维护和促进人类健康的目的而获取、制作、传递、交流、分享健康信息的过程。健康传播是一般传播行为在卫生保健领域的具体和深化,具有一切传播行为共有的基本特性,同时又有其独自的特点和规律。它要求从业者不仅具备新闻与传播方面的素质,而且要掌握公共卫生、社会学、心理学、教育学、市场营销和公共政策等方面的知识。

营养信息传播是健康传播的一个组成部分,是通过各种渠道,运用各种传播媒介和方法,为维护、改善个人和群体的营养状况与促进健康而制作、传递、分散和分享营养信息的过程。

2. 行为改变理论

健康教育的目的是帮助人们形成有益于健康的行为和生活方式,进而通过人们行为生活方式的改善来预防疾病、增进健康,提高生活质量。因此,需要研究人们的行为生活方式形成、发展、改变的规律,发现影响健康相关行为的因素,为采取有针对性的健康教育干预措施提供依据。目前,在国外健康教育与健康相关行为研究中运用较多也比较成熟的行为理论包括知—信—行理论模式(认知理论)、健康信念模式、计划行为理论等。

(1)知—信—行理论模式

知—信—行(知识、态度、信念和行为的简称)理论,也称为 KAP 理论(Knowledge, Attitude, Belief, and Practice),或称 KABP 理论,是指卫生保健知识和信息是建立积极、正确的信念与态度,进而改变健康相关行为的基础,而信念和态度则是行为改变的动力。只有当人们了解了有关的健康知识,建立起积极、正确的信念与态度,才有可能主动地形成有益于健康的行为，改变危害健康的行为。

该理论模式认为行为的改变有三个关键步骤，即接受知识、确立信念和改变行为。这种理论模式直观明了、应用广泛。知识、信念与态度、行为三者之间存在着因果关系，卫生保健知识和积极的态度是改变不利于健康行为的必不可少的要素，但有了前者并不一定导致后者的产生。因此，在健康教育实践中，只有全面掌握知—信—行转变的复杂过程，才能及时、有效地消除或减弱不利影响，促进形成有利环境，进而达到改变行为的目的。

(2)健康信念模式

健康信念模式在20世纪50年代提出，用于解释人们的预防保健行为。该理论强调感知(perception)在行为决策中的重要性，是运用社会心理学方法解释健康相关行为的理论模式。在这种模式中，是否采纳有利于健康的行为与下列五个因素有关，分别为感知疾病的威胁、感知健康行为的益处和障碍、自我效能(效能期待)、社会人口学因素和提示因素。这些因素均可作为预测健康行为发生与否的因素。健康信念模式已经得到大量试验结果的验证，对于解释和预测健康相关行为、帮助设计健康教育调查研究和问题分析、指导健康教育干预都有很高的价值，但由于涉及因素较多，所以模式的效度和可信度检验较困难。为此，在实施健康教育中，应重视个体的主观心理过程，在行为预测的基础上制定有针对性的健康相关行为干预措施，以改变不利于健康的行为生活方式，增进健康。

(3)计划行为理论

计划行为理论的心理学领域及其相关领域，特别是健康领域引起研究人员的重视和关注。社会心理学家认为人的行为由意向所激发，而意向又受到信念和态度的调节。

尽管该理论已经在健康领域得到大量应用，并证实了该理论在健康领域的适用性，但由于健康相关行为特点各异，所以该理论对不同健康相关行为的预测能力也不尽相同。另外，在运用计划行为理论时，还需要与行为本身的特点结合，从而彻底理解人们健康相关行为的发生与变化。

第五章　膳食安全与管理

第一节　膳食安全与食源性疾病

随着人类社会的发展和科学技术的进步，人类的食物生产与消费活动也在经历巨大的改变。膳食数量和总类越来越多，人们对饮食的要求也越来越高，但是人类食物链环节的增多和食物结构复杂化、各种农药兽药及膳食添加剂在膳食生产中的广泛应用、各种新技术在膳食工业中的渗透等因素，使得膳食的质量与安全问题日益突出，已经成为继人口、资源、环境后的第四大全球问题。

一、膳食安全

膳食安全实际上包含两个概念：膳食数量安全(food security)和膳食质量安全(food safety)。膳食数量安全指的是食物，特别是粮食的供应，即是否能吃饱的问题；膳食质量安全则要求食物营养卫生，对健康无害。此处讲的是后者。世界卫生组织(WHO)对膳食安全问题的定义是指膳食中有毒、有害物质对人体产生影响的公共卫生问题，也是指膳食(食物)的种植、养殖、加工、包装、贮藏、运输、销售和消费等活动(即"从农场到餐桌")符合国家强制标准和要求，不应含有可能导致消费者急性或慢性毒害或感染疾病，或产生危及消费者及其后代健康的隐患，损害或威胁人体健康的有毒有害物质或因素。我国的《中华人民共和国食品安全法》中，食品安全指膳食无毒、无害，符合应有的营养要求，对人体健康不造成任何急性、亚急性或者慢性危害。

影响膳食安全的因素有：

(一)生物性污染

生物性污染包括微生物、寄生虫和昆虫污染。微生物污染是影响膳食卫生和安全最主要的因素,主要有细菌与细菌毒素、真菌与真菌毒素以及病毒等污染,其中细菌、真菌及其毒素对膳食污染是最常见也是最严重的。寄生虫和虫卵主要由病人、病畜的粪便通过水或土壤直接或间接污染膳食,而昆虫污染主要有苍蝇、蛆、螨类以及蛾类等。

(二)农业种植业和养殖业的源头污染

在农业种植和养殖过程中,为了提高产量或减少农畜产品的发病率以及提高饲料利用率等,化肥、农药、兽药、激素、抗生素等农用化学品的滥用和残留从源头上给膳食安全带来了极大的隐患。为了农业高产,我国耕地化肥平均施用量是国际化肥安全施用上限的1.93倍,耕地农药残留率高达60%～70%。滥用化肥、农药,不仅造成农产品残留超标,直接污染膳食,还可能致使人兽共患疾病的增加,甚至通过食物链逐级聚集在人体中,发生中毒反应,最终危害人类健康。

(三)环境污染物

(1)工业、交通、城市排污,造成有毒金属和有机物污染环境,转而污染膳食,如二噁英、多氯联苯、铅、砷、镉、汞等。

(2)来自放射性物质及意外事故对膳食的污染。如核电站排放的放射性物质,虽然其极微量的浓度几乎检测不出,但是核电站的污排水排放量巨大,经水生生物的生物链被成千上万倍浓缩,成为水产膳食放射性物质污染的一个来源。另外,工农业、医学和科研也会向外界环境排放一定量的放射性物质,如用于农作物的磷肥含铀等放射性元素。

(四)膳食加工、包装、运输、贮藏及销售过程中的污染

所生产的农产品、畜禽产品和水产品不经必要的处理直接上市或用作膳食生产原料;腌制、烟熏类食物产生的多环芳烃、丙烯酰胺、亚硝胺等致癌物;包装材料、膳食包装等接触食物时有害物质融入膳食中;液体膳

食容器中有异物，未经严格消毒和长期积压的一次性膳食容器或包装材料产品的微生物学指标易超标；膳食贮存过程中产生的过氧化物、醛或酮化合物等；膳食运输销售过程中的灰尘。

（五）膳食企业违法生产、加工膳食

少数膳食生产制造商为了降低生产成本，牟取暴利，往往使用劣质原材料加工或者添加违禁用品，对膳食安全构成极大的威胁。长期食用含有这些劣质产品或非法、超标使用添加剂的膳食都能对人体造成不同程度的危害。

二、食源性疾病

食源性疾病（foodborne disease）是指通过摄入食物而进入人体的有毒有害物质（包括生物性病原体）等致病因子所造成的疾病。一般可分为中毒性和感染性，包括常见的食物中毒、经食物而感染的肠道传染病、人畜共患传染病、食物过敏、食源性寄生虫病等。根据 WHO 的定义，食源性疾病主要包括三个基本要素：食物是携带和传播病原物质的媒介；食物中所含的各种致病因子是导致人体罹患疾病的病原物质；临床特征为急性中毒或急性感染。

人们通常更关注不法商贩违法使用或添加的一些违禁物品，却忽略了食物本身所含的致病因子。食源性疾病的发病率居各类疾病总发病率的前列，是一个巨大并且在不断扩大的世界性公共卫生问题。食源性疾病最常见的临床表现为胃肠道症状，然而此种疾病还可能引发神经科、妇科、免疫等其他临床表现，更有严重者摄食受污染的膳食后会造成全身多器官衰竭，甚至引发癌症，从而造成残疾和死亡。

下面简单介绍几种常见的食源性疾病。

（一）食物中毒

食物中毒（food poisoning）是食源性疾病中最常见的一种，是指食用被生物性或化学性毒物污染的食物，或误食本身有毒的食物引起非传染

性的急性、亚急性疾病。可分为细菌性食物中毒、真菌毒素中毒、动物性食物中毒、植物性食物中毒、化学性食物中毒。中毒患者会出现恶心、呕吐、腹泻，中上腹部疼痛，常会因呕吐腹泻而出现脱水症状，如口干、眼窝下陷、皮肤弹性消失、肢体冰凉、脉搏细弱、血压降低，甚至休克等。

1. 食物中毒发病特点

(1)发病潜伏期短，来势急剧，呈爆发性，短时间内可能会有多人发病，发病曲线呈突然上升又下降的趋势。

(2)发生一般与摄取某种食物有关。病人有食用同一污染或有毒食物史，流行波及范围与污染或有毒食物供应范围一致，若停止该食物供应，流行即终止。

(3)中毒病人的临床表现基本相似，以恶心、呕吐、腹痛、腹泻等胃肠道症状为主。

(4)一般无人与人之间的直接传染。

2. 食物中毒的分类

(1)细菌性食物中毒

细菌性食物中毒是最常见的食物中毒，一般是指因摄入被致病细菌或其毒素污染的膳食而引起的中毒。细菌性食物中毒全年均可发生，但多发生在气候炎热的季节，5～10月居多，主要是由于气温高，适合细菌的生长繁殖，而这时人体肠道的防御机能下降，易感性增强。细菌性食物中毒一般发病率高，病死率较低，恢复快、愈后良好，但有些致病菌如李斯特菌等的致死率较高。

造成细菌性食物中毒的原因有：畜、禽在生前或宰后以及膳食在运输、销售等过程中受致病菌的污染；在加工过程中的污染如食物未煮熟或熟后被其他带菌的加工工具或膳食从业人员污染；贮藏方式不当导致致病菌大量生长繁殖。

动物性膳食是引起细菌性食物中毒的主要膳食，其中肉类禽蛋类易感染沙门氏菌，海产品如鱼、贝类等易感染副溶血性弧菌，而植物性食物如米饭、米糕等易引起金黄色葡萄球菌、蜡样芽孢杆菌食物中毒。

(2)真菌及其毒素食物中毒

真菌及其毒素中毒指摄入被真菌及其毒素污染的食物而引起的食物中毒,用一般的烹调方式加热处理不能破坏膳食中的真菌毒素。此类中毒没有传染性,发病率和死亡率都较高,真菌生长繁殖及产生毒素需要一定的温度和湿度,所以发病有明显的发病季节性和地区性。如赤霉病麦中毒多发生淮河和长江中下游一带,霉变甘蔗中毒发生在我国 2～3 月份初春的北方。

(3)动物性食物中毒

动物性食物中毒指食用本身含有有毒成分的动物及其组织而引起的中毒。发病率和致死率都较高。引起动物性食物中毒的膳食分为两种:第一种是动物体内天然含有有毒成分的膳食,比如野生的河豚、贝类等,这类食物中毒多发生在我国沿海地区,有明显的季节性,例如河豚中毒多发生在春季,而夏季赤潮高发期,某些赤潮生物分泌赤潮毒素,污染鱼、贝类等生物,生物毒素可在这些生物体内蓄积,尤其是摄食漂浮植物的贝类更能积聚赤潮毒素。第二种是在一定条件下如贮存不当产生大量有毒成分的动物性膳食,例如鱼体不新鲜或腐败时会产生大量的组胺。

(4)植物性食物中毒

植物性食物中毒指食用本身含有有毒成分或由于烹调加工方法不正确,没有去除毒素的植物膳食而引起的食物中毒。常见的有毒蕈中毒,也就是误食毒蘑菇中毒;含氰苷类食物中毒比如食用苦杏仁、木薯等;没有煮熟的四季豆里含有皂素等有毒成分;没有用开水焯之前的鲜黄花菜中含有类秋水仙碱。植物中的有毒物质多种多样,毒性强弱差别比较大,中毒后的表现轻重不一,除急性胃肠道症状以外,神经系统症状也较为常见,抢救不及时可引起死亡。

(5)化学性中毒

化学性中毒指食用含有化学性有毒物质的膳食引起的食物中毒。化学性食物中毒的发生有这几种情况:食用了被有毒有害化学物污染的膳食,如有机磷农药、含砷农药污染的食物;误将化学毒物认为是食品添加剂，如亚硝酸盐作为食用盐使用、砒霜（三氧化二砷）当成食用碱；添加了非膳食级或伪造的禁止使用的膳食添加剂；超量使用膳食添加剂的膳食或营养素发生化学变化的膳食，如油脂酸败；误用盛装有毒化学或被其污染的容器盛装膳食或饮料。化学性中毒的发病率不高，但致死率高。

（二）人兽共患病

人兽共患病（zoonosis）是指人和脊椎动物之间自然感染与传染的疾病。这类疾病主要由细菌、病毒、立克次体和衣原体、真菌和寄生虫这些病原生物引起，它们既可存在动物体内，也可存在人体内。大多数的人兽共患病是由动物传染给人，人传染给动物的较少见。从古老的鼠疫、狂犬病，到现代肆虐全球的疯牛病、口蹄疫、炭疽及禽流感等，人兽共患病的发生和流行，不仅严重危害畜牧业发展，影响畜产品的质量安全，而且直接威胁人民群众身体健康和安全。

1. 人兽共患病的特征

（1）病原体。人兽共患病大多有特异的病原体，有些病原体至今仍不明确，而同时又不断有新的病原体被发现。

（2）潜伏期和特征性临症。各个疫病的潜伏期不一样，如炭疽的潜伏期为数小时至数日，人的艾滋病则为数年。

（3）传染性和流行性。人和动物感染病原体后可以通过多种途径传播，如粪便、尿液、唾液、乳汁及鼻腔、生殖器或溃疡分泌物中携带病原体排出体外后，通过一定的媒介进入易感人群和动物体内。条件适宜时，会造成蔓延流行，可能在短时间内爆发。

（4）免疫性。人兽共患病痊愈后大多可获得对病原体的特异性细胞免疫及体液免疫，再遇该病原体侵入时，可获得免疫保护而不再被感染。

2. 人兽共患病日益严重的原因

（1）人口的剧增为传染病的流行提供了条件。人类居住和生活领域的扩大，使野生动物与人类的地理距离缩小到能互相传播疾病的范围。

（2）现代化工业饲养使人类与家畜密切接触以及食用野生动物或患

病、带有病毒病菌的动物。如蛙、鸟、蛇、狗、穿山甲等野生动物普遍存在各种寄生虫,如弓形虫、肺吸虫、绦虫、旋毛虫等。旋毛虫囊可抵抗－15℃低温,熏烤、腌制、曝晒、烧炒、煮沸等加工方法都不能将其杀死。

(3)发达的交通和国际交往,使多种动物及其产品交易增加,加快了人兽共患病的流行频率,扩大了其传染范围。

(4)滥用抗生素致使各种致病微生物产生耐药性及发生变异,促使疾病更容易流行。

(三)食物过敏

食物过敏(food allergy),也称为食物的超敏反应,是一种免疫疾病。已知的过敏原一般为蛋白质或含糖蛋白,分子量为 10～60 kDa,对大部分人无害,但患者一旦接触这些物质,体内就会产生免疫球蛋白 E(IgE)的特殊抗体,并与致敏物质发生反应,刺激人体释放引发各种症状的化学物质。

引起食物过敏的食物常见的有八类:牛乳及乳制品;蛋及其制品;花生及其制品;豆类及其制品;小麦、燕麦等谷物及其制品;鱼类及其制品;甲壳类及其制品;坚果类及其制品。

食物的过敏症状一般会在食用过敏食物后几分钟至一小时出现(急性反应)或在数小时至一两天左右出现(慢性反应)。过敏反应的特定症状和严重程度与摄入的过敏原量以及过敏者的敏感性有关。食物过敏者通常会出现皮肤(发痒、肿胀)、胃肠道(腹痛、恶心、呕吐)、呼吸道(鼻喉发痒肿胀)以及心血管症状(心律不齐、血压降低、昏厥甚至死亡)。

第二节　膳食安全监督与管理

保障膳食安全需要全社会的共同努力,政府部门负责监督管理,防止各类不安全膳食进入市场消费;膳食企业需要加强自身管理,承担生产安全膳食最基本的义务,提高膳食安全知识水平,加强守法意识,从源头上杜绝安全隐患。

一、国外膳食安全监督管理

(一)美国

由于美国市场经济发展较成熟,膳食安全监管体系形成历史较悠久,相关的法律体系、标准体系、监管模式都比较完善。美国膳食安全监管体制主要由农业部食品安全检验局(Food Safety and Inspection Service,FSIS)、卫生和人类服务部的食品和药品管理局(Food and Drug Administration,FDA)、国家环境保护署(Environmental Protection Agency,EPA)这三个核心机构集中主要的膳食安全监管权,承担主要监管职责。除此之外还有美国疾病预防控制中心、商业部国家海事渔业局、动植物健康检验局等至少十二个部门在监测、预防、研究等协助共同监管膳食安全。美国有关膳食安全的法律法规包括《联邦食品、药物和化妆品法》《食品质量保护法》和《公共卫生服务法》等综合性法规,以及《联邦肉类检查法》等具体的法律。这些法律法规覆盖了所有膳食,为膳食安全制定了具体的标准以及完善的监管程序。

膳食安全应从源头抓起,即从农田到餐桌,各个环节都有相关政府部门管理,分工明确,责任落实;并且膳食的生产、加工、销售过程均立法,规范生产要求,执行如加工良好生产规范(Good Manufacturing Practice,GMP),危害分析与关键控制点(Hazard Analysis Critical Control Point,HACCP)等程序化质量管理;产品都具有详细的质量信息,让消费者更多地了解产品,提高安全防范;强化市场调节及政府监管相结合;有不合格产品的召回制度,以确保消费者的食用安全。

(二)欧盟

欧盟对膳食安全的监管实行集中管理模式,由独立的机构对膳食安全问题进行统一监管,将决策部门和管理、风险分析部门相分离。欧盟于2000年1月12日发表了《食品安全白皮书》,加强对膳食从“农田”到“餐桌”上的监管。继《白皮书》后，2002 年 1 月 28 日欧盟通过《178/2002 号条例》，它确定了膳食法规的一般原则和要求，建立欧盟食品安全局(European Food Safety Authority，EFSA)。EFSA 的主要任务是开展风险评估，独立地对膳食安全事件提出科学意见，它的宗旨是保持膳食安全相关信息的公开与透明，最大限度地减少膳食安全问题可能带来的隐患。除了欧盟层面的监管机构以外，各成员国也设有本国的膳食安全监管机构。

二、我国食品监督与管理

我国在理论上对食品安全监管体制的研究起步比较晚，在实践中我国食品安全监管体制与发达国家有着较大的差距，目前我国的食品安全监管体制尚处于建设初期，但基本体系已经形成。

中国食品安全监管主体主要由中央机构及地方机构组成。中央一级食品安全监管机构有：国家食品安全委员会(国务院设立)、国家市场监督管理局、商务部、农业农村部、环境保护部、国家卫生健康委员会等。以上机构(部、局)都各自独立、自成体系，有的行政部门在省、市、县都设有相应的延伸机构，构成中国膳食安全监管行政体系。我国膳食安全监管运行的特点是全国统一领导，地方政府负责，部门指导协调，各方联合行动。

目前，我国确定颁布了《中华人民共和国食品安全法》《中华人民共和国产品质量法》《中华人民共和国农业法》《中华人民共和国标准化法》《中华人民共和国农产品质量安全法》等法律以及相关涉及膳食质量与安全要求的管理办法和技术法规，各省及地方政府也确定了关于膳食质量安全的规章，可以说已经初步形成了一个由国家、行业、地方和部门制定颁发的膳食安全法律法规及规章制度体系。完善的法律体系是政府管理、企业生产以及消费者的自我保护准绳，能够更好地推动膳食安全，提高膳食质量，保证人民健康，增加国际贸易的竞争力。

(一)《中华人民共和国食品安全法》

2009 年 2 月 28 日，第十一届全国人大常委会第七次会议高票通过了《中华人民共和国食品安全法》，于 2009 年 6 月 1 日起实施，现行《食品卫生法》同时废止。这部法律是我国膳食安全法律法规中最重要的成员，包括总则、膳食安全风险监测和评估、膳食安全标准、膳食生产经营、膳食检验、膳食进出口、膳食安全事故处置、监督管理、法律责任、附则等共十章 104 条。从“卫生”到“安全”，这部立法是我国膳食安全监管的一个里程碑，标志着我国的膳食卫生事业进入了法治化轨道。它构建了膳食安全新的保障体系如建立并完善了膳食安全法律体系，建立了统一协调的监管体系，完善了膳食安全应急处理机制，制定了统一的膳食标准等。膳食卫生法关注膳食的卫生，而膳食安全关注食物内在的影响，并且还引入了国际膳食安全理念和管理制度例如膳食安全风险评估和监测制度、召回制度等。

然而它是在一系列重大膳食安全事故下催生的，还存在着许多缺陷，很多责任并没有得到落实，2015 年全国人民代表大会常务委员会对其进行修订，之后于 2018 年，2021 年进行修正。这也意味着我国的膳食安全监管在不断加强和完善。

1.《食品安全法》的适用范围和对象

(1)膳食生产加工、膳食流通和餐饮服务。

(2)膳食添加剂的生产经营。

(3)用于膳食的包装材料、容器、洗涤剂、消毒剂和用于膳食生产经营的工具、设备的生产经营。

(4)膳食生产经营者使用膳食添加剂、膳食相关产品。

(5)对膳食、膳食添加剂和膳食相关产品的安全管理。

2.《食品安全法》实施意义

(1)建立新的膳食安全保障体系。

(2)引入国际膳食安全理念和管理制度，如召回制度、风险监测和评估制度等。

(3)从法律上聚焦膳食安全现状，是膳食安全的“奠基石”。

(二)食品安全标准

食品安全标准是在一定的范围内获得最佳秩序,对活动和其结果规定共同和重复使用的规则、指导原则或特性的文件,该文件经协商一致后制定并需通过一个公认机构的批准。标准应以科学、技术和经验的综合成果为基础,并以促进最大社会效益为目的。食品安全标准是判定膳食是否符合安全卫生要求的重要依据,对食品安全监督管理有着重要意义,在保证人民身体健康、促进食品产业的发展、推动食品国际贸易上起到了重要作用。制定食品安全标准,应当以保障公众身体健康为宗旨,做到科学合理,安全可靠。统一的食品安全标准是食品安全监管的运作基础。

《食品安全法》公布施行前,我国有食品、食品添加剂、食品相关产品国家标准2000余项,行业标准2900余项,地方标准1200余项,基本建立了以国家标准为核心,行业标准、地方标准和企业标准为补充的食品标准体系。《食品安全法》实施后,我国对各类、各级食品标准进行整合,使我国食品标准体系更加完备。2013年12月6日我国卫生部又新发布了《食品添加剂标识通则》《食品用香料通则》等75项新食品安全国家标准。

1.食品安全标准的主要内容

(1)食品、食品相关产品中的致病性微生物、农药残留、兽药残留、重金属、污染物质以及其他危害人体健康物质的限量规定。

(2)食品添加剂的品种、使用范围及用量。

(3)专供婴幼儿和其他特定人群的主辅膳食的营养成分要求。

(4)对与食品安全、营养有关的标签、标识和说明书的要求。

(5)食品生产经营过程的卫生要求。

(6)与食品安全有关的质量要求。

(7)食品检验方法与规程。

(8)其他需要制定食品安全标准的内容。

2.食品安全标准的主要指标

(1)严重危害人体健康的指标包括致病性微生物与毒素,有毒有害化学物质和放射性污染物等。

(2)反映膳食可能被污染及污染程度的指标，例如大肠菌群、菌落总数等。

(3)间接反映安全质量发生变化的指标，如水分等。

(4)营养指标包括能量、碳水化合物、脂肪、蛋白质和维生素等。婴幼儿和特定人群的主辅膳食的营养成分要求尤为重要。

(5)商品质量指标，如乙醇和二氧化碳的含量可协助评价防腐作用等。

3. 食品安全标准的意义

食品产业是我国国民经济的重要支柱产业。食品标准是维护公众身体健康、保障食品安全的重要措施，是实现食品安全科学管理、强化各环节监管的重要基础，具有以下意义。

(1)保证食品的实用性安全，防止膳食污染和有害化学物质对人体健康的危害。

(2)是国家管理食品行业的依据。

(3)是食品企业科学管理的基础，食品企业管理离不开食品标准。

(4)我国食品标准正在与国际接轨，能够有效避免贸易障碍，消除贸易技术壁垒，提高我国食品在国际市场上的竞争能力。

4. 国际食品安全标准

国际食品法典委员会(Codex Alimentarius Commission，CAC)是联合国粮农组织和世界卫生组织在1961年共同组建的专门从事食品标准化的政府间组织。其宗旨是保护消费者健康，减少食源性疾病和促进食品贸易的公平性，建立国际标准及方法，消除贸易壁垒。CAC制定并向各成员国推荐的食品标准、农药残留限量、卫生与技术规范、准则和指南等十三卷，通称为食品法典(Codex Alimentarius)。其中的一般准则提倡成员国最大限度地采纳法典标准，虽然法典中的每一项标准本身对其成员政府并不具有法律约束力，只有在成员政府正式声明采纳之后才具有法律约束力，但是CAC的标准已经成为促进国际贸易和解决贸易争端的依据，是全球消费者、膳食生产和加工者、各国膳食管理机构和国际膳食贸易唯一且最重要的基本参照标准，同时也是 WTO 成员国保护自身贸易利益的合法武器。

（三）膳食安全质量管理

政府监管在保证膳食安全中扮演着重要角色，而膳食生产经营企业也是其中不可缺少的一环。《食品安全法》规定，膳食生产企业应当建立健全本单位的膳食安全管理制度。为了更好地适应膳食工业及产业化发展，应建立和不断完善能够有效保证膳食安全质量的管理体系，如 GMP 体系，体系，HACCP 体系和国际标准化组织产品质量认证体系等。膳食生产企业可以综合利用这些管理体系，实施有效的膳食安全质量管理。

1. GMP 体系

GMP 属于一般性的膳食质量保证体系，是一种特别注重制造过程中产品质量和安全卫生的自主性管理制度，是为了保障膳食安全和质量而制定的贯穿膳食生产过程的一系列措施、方法和技术要求。它规定了膳食生产过程中的每个环节实行全面质量控制的具体要求以及为保障产品质量所采取的监控措施，强调膳食生产过程（包括生产环境）和储运过程的品质控制，尽量将可能发生的危害从规章制度上加以控制。

（1）我国 GMP 现状

GMP 源于美国，20 世纪 80 年代，我国膳食企业 GMP 工作逐渐开展起来，建立了膳食企业卫生规范和良好生产规范，极大地提高了我国膳食企业的整体水平，推动了膳食工业发展。加入 WTO 后，我国积极采用国际 GMP 准则，逐步对各类的生产规范进行修订，完善我国 GMP 规范体系，与国际 GMP 接轨。

（2）推广实施 GMP 体系的意义

①GMP 要求膳食企业必须具备良好的生产设备，科学合理的生产工艺，不断完善的先进检测手段，以及严格的管理制度和体系。因此它有利于强化企业领导的质量安全意识，强化膳食企业标准化管理，促进技术改

进和更新,建立健全的企业自主性品质安全保证体系。

②对膳食生产过程监管提供法定依据,既便于企业执行,又有利于卫生行政部门、膳食监管部门进行监督检查。

③有利于保障膳食安全,保障消费者权利。

④推广和实施GMP在国际贸易中是必备条件,因此实施GMP能提高膳食产品在全球贸易中的竞争力。

(3)GMP主要内容

GMP要求膳食工厂在膳食生产、包装及贮运过程中相关人员配置、建筑、设备设施等的设置以及卫生管理、制造过程的管理、产品质量的管理等均能符合良好生产规范,保证膳食安全卫生和质量稳定。因此它包括膳食工厂设计和设施的加工良好生产规范;膳食原材料采购、运输和贮藏的良好生产规范;膳食生产过程的良好操作规范;膳食检验的良好生产规范;膳食工厂的组织和制度;膳食生产经营人员个人卫生的良好生产规范。

2. HACCP体系

HACCP是为保障膳食安全,对膳食生产过程中造成膳食污染的各种危害因素进行全面系统分析,确定能有效预防和控制危害的环节,加以控制的同时进行监控,发生偏差时及时纠偏,并随时对控制方法进行矫正和补充的膳食安全保障体系。简单来说就是对膳食安全危害予以识别、评估和控制的系统化方法,企业自身通过对生产体系进行系统的分析和控制来预防膳食安全问题的发生。HACCP体系已成为世界性的膳食质量控制管理的有效办法,是国际上公认最安全的食品卫生安全质量管理体系。

GMP是整个膳食安全控制体系的基础,SSOP计划是根据GMP中有关卫生方面的要求制定的卫生控制程序,而HACCP计划则是控制膳食安全的关键程序,要实行HACCP必须以GMP和SSOP为基础。如果一个企业达不到GMP法规的要求或没有制定有效的、具有可操作性的SSOP或没有有效地实施SSOP,则实施HACCP计划将成为一句空话。企业建立和实施 HACCP 管理体系可申请 HACCP 认证，经认证机构按照规定评审若符合要求，由认证机构颁发 HACCP 认证证书。

3. HACCP 基本原理

（1）进行危害分析。这是 HACCP 中最重要的一环，它是指根据膳食生产的流程图，确定膳食生产各个阶段有关的危害及其控制措施，对危害出现的可能、分类、程度进行定性和定量评估。

（2）确定关键控制点（Critical Control Point，CCP）。关键控制点是指能进行有效控制的某一个工序、步骤或程序，且每一个 CCP 所产生的危害都可以被控制、防止或将之降低至可接受水平。一般根据判定树来认定 CCP（图 5－1）。

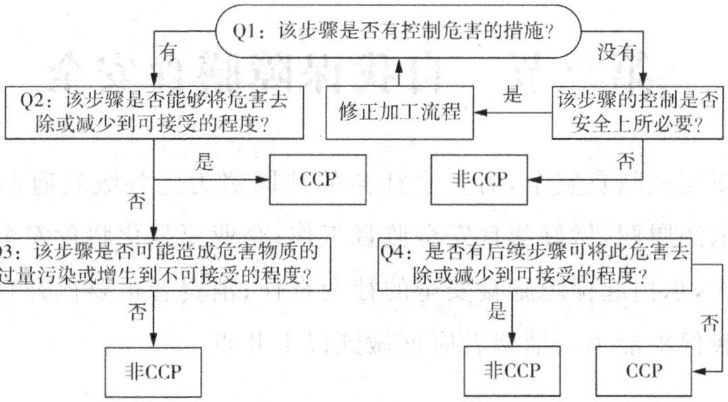

图 5－1　确定关键控制点示意

（3）建立关键限值。是保障各关键控制点处于安全控制之下而必须达到的安全标准值，一般包括温度、时间、湿度、pH、有效氯等。

（4）建立监控体系。对 CCP 是否符合规定的限值进行有计划的测量和观察，保证 CCP 处于被控制状态。

（5）确立纠偏行为。当监控过程中发现 CCP 超出控制范围应立即采取纠偏措施，纠偏措施包括制定使 CCP 重新处于控制之中的措施和 CCP 失控时期膳食的处理办法，并且要做好纠偏记录。

（6）建立验证程序。验证 HACCP 的操作程序是否正常运转，是否有效。

（7）建立 HACCP 计划档案及保管制度。建立程序的记录档案制度，将 HACCP 操作文件化，妥善保管，自生产之日起至少保存两年。

4. HACCP 体系实施意义

（1）有效保证膳食的安全性，防止食源性疾病的发生，保护消费者健康。

（2）有利于政府监督膳食生产，推动国内膳食企业的整体发展和提高。

（3）促使企业节约管理成本，不断自我检查，总结提高，增强企业的质量控制意识，促进产品升级，提高膳食质量。

（4）有助于提高膳食企业在全球市场上的竞争力，提高膳食安全信誉度，促进贸易发展。

第三节　自我保障膳食安全

真正实现膳食安全，需要全社会的共同努力。各级政府和有关监管部门要依法履职，做好膳食安全监督工作；企业要强化膳食安全第一责任人的观念，承担起保障膳食安全的社会责任；消费者也要提升膳食安全意识和自我保护能力。消费者应该做到以下几点。

一、科学合理的膳食结构和饮食方式

合理营养是健康的物质基础，而平衡膳食则是合理营养的根本途径。可根据《中国居民膳食指南》(2022)版列出的指南和平衡膳食宝塔来科学规划饮食，避免暴饮暴食、偏食、三餐不规律饮食等不良饮食习惯。

二、正确的食物制备

正确的食物制备是预防食源性疾病的关键，因此要严格遵照 WHO 提出的膳食安全五大要点制备食物。

（一）保持清洁

操作之前要洗手，备制食物过程中要经常洗手；便后洗手；清洗和消毒用于备制食物的设备表面；避免昆虫、害虫及其他动物进入厨房和接触食物。

（二）生熟分开

处理生食要用专用的用具和设备，如刀具和案板；避免生熟食物相互接触，防止交叉污染；将生的肉、海产品与其他食物分开。

（三）做熟

彻底煮熟食物，特别是肉、禽、蛋和海产品；制备汤或炖菜（煲）等要煮沸，并持续煮沸至少 1 min。煮肉和禽类食物时，确保汁水是清的，肉内淡红色；熟食二次加热时，要彻底热透。

（四）保持食物的安全温度

熟食在室温下不得存放 2 h 以上；所有熟食和易腐食物应及时冷藏；食用前应保持食物达到足够的温度（超过 60℃）；冷冻食物不要在室温下化冻，应在冰箱中或冷的环境下进行。5～60℃是食物的危险范围，微生物可以在此温度范围内迅速繁殖。要值得注意的是，冰箱设定的温度对控制有害微生物生长的效果是有限的，食物只是在有限的时间内起到保鲜作用，有些嗜冷性致病菌，如李斯特菌、椰尔森菌等在低温下仍旧具有较强的生存和繁殖能力。从保障膳食安全的角度，膳食冷藏（4～6℃）保存的时间不能太长，短时间不食用或含有高蛋白营养成分的动物性膳食一定要冷冻（－18℃左右）保存。

（五）使用安全的水和原材料

使用安全的水或将水处理为安全级别，不要饮用自来水、河水；挑选新鲜和卫生的膳食；选择经过安全加工的膳食，如经过巴氏消毒的牛奶；水果和蔬菜要清洗干净，尤其是在生吃时；不要吃超过保质期的食物。

三、学会使用膳食标签

膳食标签是指在膳食包装容器上或附于膳食包装容器上的一切标

签、吊牌、文字、图形和符号说明物。标签应当标明名称、规格、净含量、生产日期;成分或者配料表;生产者的名称、地址、联系方式;贮存条件和保质期;产品标准代号;所使用的膳食添加剂在国家标准中的通用名称;生产许可证编号;法律、法规或者膳食安全标准规定必须标明的其他事项。进口的预包装膳食应当有中文标签、中文说明书,标签、说明书应当符合我国有关法律、行政法规的规定和膳食安全国家标准的要求,载明膳食的原产地以及境内代理商的名称、地址、联系方式。预包装膳食没有中文标签、中文说明书或者标签、说明书不符合相关规定的,不得进口。膳食标签是对膳食质量特性、安全特性、食用、饮用说明的描述。了解掌握关于膳食标签的知识对于消费者来说能够较好地选择一些更安全健康的膳食。

(一)营养标签

从食物中获得种类齐全、比例适当、数量充足的营养素,构成平衡的膳食是人类保证身体健康的重要措施之一。由于营养素摄入不足或摄入过多引起的营养性疾病很多,而膳食营养标签是让消费者识别膳食营养素的种类和数量以便于选择适合自己的食物的最简单、最直接获取营养知识的工具。它是膳食标签的一部分,提供膳食营养信息和特性的说明,包括营养成分表、营养声称和营养成分功能声称。作为引导消费和真实反映膳食内在质量的重要信息来源,营养标签是人们消费膳食从温饱向健康与营养发展的重要产物。我国在 2011 年 10 月 12 日颁发了《食品安全国家标准预包装食品营养标签通则 GB 28050—2011》,于 2013 年 1 月 1 日起实行。

1. 营养标签的相关概念

(1)营养成分表是标有膳食营养成分名称、含量和占营养素参考值(Nutrient Reference Values,NRV)百分比的规范性表格。预包装膳食中能量和营养成分的含量应以每 100 克(g)和(或)每 100 毫升(mL)和(或)每份膳食可食部分的具体数值来标示。当用份标示时,应标明每份膳食的量。

(2)营养声称是指对膳食营养特性的描述和声明，如能量水平、蛋白质含量水平，包括含量声称和比较声称。

(3)营养成分功能声称指某营养成分可以维持人体正常生长、发育和正常生理功能等作用的声称。

(4)核心营养素是为强调必须标注营养素的重要性而得名。我国营养标签中的核心营养素包括蛋白质、脂肪、碳水化合物和钠，是我国最具有公共卫生意义的营养素。

(5)NRV专用于膳食营养标签，用于比较膳食营养成分含量的参考值，是消费者选择膳食时的一种营养参照尺度。

NRV%＝(X/NRV)×100%，其中X为膳食中某营养素的含量。

它是依据我国居民膳食营养素推荐摄入量(Recommended Nutrient Intake，RNI)和适宜摄入量(Adequate Intakes，AI)而制定。营养素参考值不分年龄、性别、工作情况统一规定为8400 kJ，约合2000 kcal，是一个仅用于标签标识的非常简化的参照。对于一个体重63 kg、从事中度体力活动工作的成年男性来说，依据我国居民膳食营养素推荐摄入量其每天能量摄入应为11300 kJ。因此，消费者需要根据自身的具体情况参照使用(表5－1)。

表5－1　规定的能量和32种营养成分参考数值

营养成分	NRV	营养成分	NRV
能量	8400kJ	叶酸	400μgDFE
蛋白质	60g	泛酸	5mg
脂肪	≤60g	生物素	30μg
饱和脂肪酸	≤20g	胆碱	450mg
胆固醇	≤300mg	钙	800mg
碳水化合物	300g	碘	700mg
膳食纤维	25g	钾	2000mg
维生素A	800μgRE	钠	2000mg
维生素D	5μg	镁	300mg

续表

营养成分	NRV	营养成分	NRV
维生素 E	14mgα－TE	铁	15mg
维生素 K	80μg	锌	15mg
维生素 B_1	1.4mg	碘 150μg	
维生素 B_2 1.4mg	硒	50μg	
维生素 B_6	1.4mg	钢	1.5mg
维生素 B_{12}	2.4μg	氟	1mg
维生素 C	100mg	锰	3mg
烟酸	14mg		
能量相当于 2000kcal；蛋白质、脂肪、碳水化合物供能分别占总能量的 13%、27%与 60%			

注：表格来自《食品安全国家标准预包装食品营养标签通则 $GB_2$8050—2011》。

2.营养标签上强制标识的内容

(1)所有预包装膳食营养标签强制标示的内容包括能量、核心营养素的含量值及其 NRV%。当标示其他成分时，应采取适当形式使能量和核心营养素的标示更加醒目。

(2)对除能量和核心营养素外的其他营养成分进行营养声称或营养成分功能声称时，在营养成分表中还应标示出该营养成分的含量及其 NRV%。

(3)使用了营养强化剂的预包装膳食，除(1)要求外，在营养成分表中还应标示强化后膳食中该营养成分的含量值及其 NRV%。

(4)膳食配料含有或生产过程中使用了氢化和(或)部分氢化油脂时，在营养成分表中还应标示出反式脂肪(酸)的含量。

(5)上述未规定 NRV 的营养成分仅需标示含量。

3.营养标签格式

营养成分表。

营养声称如：低脂肪××。

营养成分功能声称如：每日膳食中脂肪提供的能量比例不宜超过总能量的 30%。

4.豁免强制标示营养标签的预包装膳食

下列预包装膳食豁免强制标示营养标签：

——生鲜膳食，如包装的生肉、生鱼、生蔬菜和水果、禽蛋等。

——乙醇含量≥0.5%的饮料酒类。

——现制现售的膳食。

——包装总表面积≤100cm^2 或最大表面面积≤20cm^2 的膳食。

——包装的饮用水。

——每日食用量≤10g 或 10mL 的预包装膳食。

——其他法律法规标准规定可以不标示营养标签的预包装膳食。

(二)保存期和保质期

在购买膳食时，标签上都会标有“保质期”，有的包装上写的是“保存期”。这两个概念很容易被搞混淆。保质期(最佳食用期)是指预包装膳食在标签指明的贮存条件下保持膳食质量(品质)的期限。在此期限，膳食完全适于销售，并符合标签上或产品标准中所规定的质量(品质)；超过此期限，在一定时间内膳食仍然是可以食用的。而保存期(推荐的最终食用期)是指在标签上规定的条件下，膳食可以食用的最终日期；超过此期限，产品质量(品质)可能发生变化，膳食不再适于销售和食用。

千万不要购买超过保存期的预包装膳食。虽然过了保质期的膳食未必不能吃，但是仍然不建议食用过保质期的膳食。

(三)膳食添加剂

膳食添加剂是为改善膳食品质、色、香、味以及防腐、保鲜和加工工艺需要而加入膳食中的人工合成或者天然物质。营养强化剂、膳食用香料、胶基糖果中基础剂物质、食工业用加工助剂也包括在内。它作为辅助成分直接或间接成为膳食成分，不影响膳食的特性，不含污染物且不改善膳食营养的物质。

随着膳食生产日益社会化和规模化，膳食添加剂已经成为膳食生产不可缺少的一部分，被认为是膳食生产进步的一个标志和现代膳食工业发展的根本，但是它给加工膳食带来营养和功能上的强化和改良作用的同时，也带来了膳食安全的风险。我国的膳食添加剂的使用必须符合《食品添加剂使用标准》(GB$_{2}$760—2011)、《复配食品添加剂通则》(GB$_{2}$6687—2011)、《食品安全法》或国家卫生健康委员会公告名单规定的品种及其使用范围和使用量。我国的《食品安全国家标准·食品添加剂使用标准》将其分为二十三个功能类别:酸度调节剂(枸橼酸、苹果酸)、抗结剂、消泡剂、抗氧化剂(丁基羟基茴香醚、抗坏血酸)、漂白剂(二氧化硫、焦亚硫酸钠)、膨松剂、胶姆糖基础剂、着色剂(天然色素如甜菜红、合成色素如柠檬黄)、护色剂(硝酸钠、D一异抗坏血苏酸)、乳化剂、面粉处理剂、覆膜剂、水分保持剂、营养强化剂、防腐剂(苯甲酸及其钠盐、山梨酸及其钾盐、丙酸)、稳定和凝固剂、甜味剂(安赛蜜、阿斯巴甜、糖精钠)、增稠剂、香料、酶制剂、加工助剂、增味剂(谷氨酸钠、甘氨酸)、其他。

(四)QS标志

“QS”是英文“Quality Safety”(质量安全)的缩写。获得膳食质量安全生产许可证的企业生产加工的膳食经出厂检验合格后,在出厂销售之前,必须在最小销售单元的膳食包装上标注由国家统一制定的食品质量安全生产许可证编号并加印或者加贴食品质量安全市场准入标志“QS”。QS标志不仅仅用于膳食领域,目前,凡获得工业产品生产许可证的商品,都应加印(贴)QS标志,如化妆品等。2010年6月起QS由英文质量安全(Quality Safety)字头变更为“企业食品生产许可”的拼音“Qiyeshipin Shengchanxuke”缩写“QS”,标志的中文由“质量安全”变为“生产许可”,于2011年12月1日起实行。根据国家规定,实施食品质量安全市场准入制度的膳食,出厂前必须在其包装或者标志上加印(贴)QS标志,没有QS标志的产品则不得出厂销售。标志主色调为蓝色,字母“Q”与“生产许可”四个中文字样为蓝色;字母“S”为白色。

(五)无公害食品认证标志

无公害食品是指产地环境、生产过程和产品质量符合国家有关标准和规范的要求,经认证合格获得认证证书并允许使用无公害农产品标志的未经加工或者初加工的食用农产品。无公害农产品本身既是膳食也是膳食加工的原料，因此常把无公害农产品称为无公害食品。这类产品生产过程中允许限量、限品种、限时间地使用人工合成的安全的化学农药、兽药、肥料、饲料添加剂等，它符合国家食品卫生标准，但较绿色食品标准要宽。

无公害食品的标志是由农业部和国家认监委联合制定并发布，由农业部农产品质量安全中心监制，是加施于获得全国统一无公害农产品认证产品或产品包装上的重要证明性标识。该标志的使用涉及政府对无公害农产品质量的保证和对生产者、经营者及消费者合法权益的维护，是国家有关部门对无公害农产品进行有效监督和管理的重要手段。标志图案由麦穗、对号和无公害农产品字样组成，无公害食品认证标志图代表农产品，对勾表示合格，金色的麦穗寓意成熟和丰收，底色为绿色象征环保和安全。

无公害农产品保证人们对食品质量安全最基本的需要，是最基本的市场准入条件，普通膳食都应达到这一要求。无公害农产品认证分为产地认定和产品认证，由农业部门认证，其标志的使用期为三年。

(六)绿色食品认证标志

绿色食品是遵循可持续发展原则，按照特定生产方式生产，经专门机构认定，许可使用绿色食品标志商标无污染的安全、优质、营养类膳食。

我国的绿色食品分为A级和AA级2种，其中A级绿色食品生产中允许限量使用化学合成生产资料，AA级绿色食品则较为严格地要求在生产过程中不使用化学合成的肥料、农药、兽药、饲料添加剂、食品添加剂和其他有害于环境和健康的物质。按照农业部发布的行业标准，AA级绿色食品等同于有机食品。从本质上讲，绿色食品是从普通食品向有机膳食发展的一种过渡性产品。

(七)有机食品认证标志

有机食品是指来自有机农业生产体系，根据有机农业生产规范生产加工，并经过独立的认证机构认证的农产品及其加工产品。这里所说的

“有机”不是化学上的概念——分子中含碳元素——而是指采取一种有机的耕作和加工方式。与传统农业生产方式相比，有机农业在生产中不采用基因工程获得的生物及其产物，不使用化学合成的化肥、农药、饲料添加剂等物质，遵循自然规律，调节种植业和养殖业平衡的一种可持续农业生产方式。因此，有机食品是一类真正源于自然、富营养、高品质的环保型安全食品。

中国有机产品标志主要图案由三部分组成，即外围的圆形、中间的种子图形及其周围的环形线条。标志外围的圆形形似地球，象征和谐、安全，圆形中的“中国有机产品”字样为中英文结合方式，既表示中国有机产品与世界同行，也有利于国内外消费者识别。

有机食品与其他食品主要有三方面区别。

(1)有机食品在生产加工过程中绝对禁止使用农药、化肥、激素等人工合成物质，并且不允许使用基因工程技术，其他食品则允许有限使用这些物质，并且不禁止使用基因工程技术，如绿色食品对基因工程技术和辐射技术的使用就未作规定。

(2)有机食品在土地生产转型方面有严格规定。考虑到某些物质在环境中会残留相当一段时间，土地从生产其他食品到生产有机食品和无公害食品需要 2～3 年的转换期，而生产绿色食品和无公害食品则没有转换期的要求。

(3)生产食品在数量上进行严格控制，要求定地块、定产量，生产其他食品没有如此严格的要求。

第六章 膳食的合理营养

第一节 膳食结构与平衡膳食

人类生活环境与生理状况复杂多变，外界环境的污染、食物质量的低劣、性别的差异，运动强度的高低，都会影响膳食的平衡。而自然界中也没有任何一种食物能满足人体的全部营养需要，因此必须食用多种食物，合理搭配，才能满足人体需要的营养成分。

一、膳食结构

膳食结构或膳食模式是指居民消费的食物种类及其数量的相对构成，是膳食质量与营养水平的物质基础，也是合理膳食的核心问题。膳食结构主要取决于人体对营养的生理需求和生产供应条件决定的提供食物资源的可能，也受经济、生活习惯、文化和科学技术的发展水平的影响。

(一)膳食结构类型

1.动物性食物为主型

动物性食物为主型也称为经济发达国家模式，这种膳食结构主要分布在北美及欧洲等发达国家。其特点是“三高一低型”，即高蛋白、高脂肪、高热能的营养过剩类型，且低膳食纤维。优点是膳食质量好，某些矿物质和维生素，如钙、维生素A丰富，最大缺点是易诱发肥胖症、高血脂症、冠心病、糖尿病等。因而这些国家政府和地区的营养机构提出调整膳食构成，其方向为增加谷类食物摄入量；减少脂肪的摄入量，其提供的能量减至总能量的30%以下，同时减少饱和脂肪酸、增加不饱和脂肪酸比例;胆固醇摄入量每日小于300mg。

2. 植物性食物为主型

植物性食物为主型也称为东方型膳食模式。多见于东方发展中国家,属于植物性食物为主、动物性食物为辅的膳食类型。膳食结构的特点是热能基本满足需要,主要以植物性食物为主,尤其是谷类和薯类为主,食物质量不高,动物膳食不足。有的国家年人均消费谷类与薯类达200kg,而肉蛋鱼不过5kg,优质蛋白仅占蛋白总量的1/5左右。居民存在营养不良、贫血或多种营养素缺乏症,主要是蛋白质不足,以致健康状况较差、体质低下和劳动力降低等。

3. 动植物食物平衡型

动植物食物平衡型也称日本模式。主要分布在以日本为代表的一些国家和地区。这种膳食结构继承了以粮谷为主食的东方膳食传统,又吸取了欧美国家膳食注重动物性食物的长处。其特点是膳食中植物性食物占较大比重,动物性食物保持适当数量,膳食结构合理。

(二)我国的膳食结构和膳食指南

1. 我国膳食结构的现状

近年来随着我国经济的发展,人们的生活水平不断提高,膳食结构也在发生变化。就全国范围来讲,热能已达到供给量标准,但膳食结构中仍以谷类为主,占60%~80%,蔬菜占20%~30%,动物性食物的肉类每人全年平均10~30kg,蛋类5~10kg,鱼类极不平衡,养鱼地区每人年供给量10~20kg。奶类仍较紧张,豆类生产虽有较大增长,但加工及供应较差,城乡食物消费有很大差别。纵观以上食物结构,在营养素供给方面,存在以下特点。

碳水化合物的摄入量偏高,其供给热能占总热量的80%。蛋白质摄入量平均为70g,其中85%~90%为植物蛋白质。由于动物性食物少,食用油供应量低,一些地区脂肪摄入量偏低。维生素A仍主要依靠绿叶蔬菜中的胡萝卜素来转化。维生素B_2摄入量仅达供给量标准的一半,维生素C也有季节性缺乏。缺钙和维生素D引起的佝偻病和缺铁性贫血的发病率仍较高。碘、锌、硒等微量元素也存在摄入不足的情况。所以应在全社会普及营养知识,加强合理营养的指导工作。

2. 膳食指南

膳食指南,又称为膳食指导方针或膳食目标,是各国营养机构针对本国存在的营养问题而提出的一个通俗易懂、简明扼要的合理膳食基本要求。它的形成是以调查研究和科学实验为基础的,所以具有针对性、现实性、预见性和科学性。通过膳食指南,可以正确引导人们的食物消费,养成良好的饮食习惯,从而达到提高营养和增进健康水平的目的。

膳食指南中的原则如能在日常生活中遵守,则居民的营养状况可得到预期的效果。希望广大营养专业工作者全力投入,希望社会各界广泛参与,共同努力掀起宣传膳食指南、推广膳食指南和实践膳食指南的新高潮。达到改善全民营养与健康状况,控制和减少慢性疾病的目的。

二、平衡膳食

平衡膳食一般指膳食中所含有的营养素数量充足、种类齐全,比例适当。膳食中的营养与机体消耗的需要,两者之间能保持平衡。

(一)平衡膳食中各营养素的合理构成

平衡膳食是运动员合理营养的基本要求,就热能平衡而言,至少又包括热能摄入和消耗量之间,三种生热营养素之间以及三餐热量分配比例之间的平衡关系;以及充分的无机盐和微量元素、适量的膳食纤维和充足的水分,同时还要具备下列条件。

1. 三大热能营养素平衡

碳水化合物、脂肪和蛋白质是人体的三大能源物质,在膳食中含量最多,它们在人体的代谢过程中关系也最为密切。足够的糖和脂肪可减少蛋白质作为能源而消耗的部分,但如果膳食中蛋白质供应量不足,单纯提高碳水化合物和脂肪的供应量,也不能维持正常的氮平衡。所以,只有蛋白质的供给量达到最低需要量以上，提高碳水化合物和脂肪的供应量，才能发挥它们对蛋白质的节约作用；同样，也只有在碳水化合物和脂肪的供应量达到最低需要量以上时，蛋白质才能充分发挥作用。

一般人的膳食中，它们在总热量中的百分比为：蛋白质10%～15%，脂肪20%～30%，碳水化合物55%～65%。普通人的摄入量可根据具体情况适当调整，特殊情况者可超过此范围，如降体重膳食中蛋白质的比例可达18%以上，低脂膳食的脂肪可在10%以下。

2. 蛋白质中氨基酸的平衡

八种必需氨基酸齐全（儿童为九种），各种氨基酸比值符合氨基酸模式，能提高蛋白质的生物价。膳食中除含必需氨基酸外，还需有一定量的非必需氨基酸，二者的比例为必需氨基酸40%，非必需氨基酸占60%。

3. 不饱和脂肪酸与饱和脂肪酸的平衡

人体的必需脂肪酸都是不饱和脂肪酸，在植物油中含量较高，所以平衡膳食除了维持脂肪供能的比例，还应增加不饱和脂肪酸。通常认为必需脂肪酸应占总热量的2%，每日脂肪摄入量中植物性脂肪应占40%，而且植物油的摄入量要大于10g才能维持不饱和脂肪酸和饱和脂肪酸的平衡。

4. 矿物质之间的平衡

钙、磷两类矿物质对人体的生长发育和体质健康影响较大，膳食中的钙、磷比例恰当才利于二者的吸收和利用。一般成年人膳食中钙磷比例为1∶1.5，儿童为1∶1。过量的铜、钙和亚铁离子可抑制锌的吸收。铁与铜在造血过程中起协同作用，缺铜时，铁不能进入血红蛋白分子，因而即使铁量充足也会发生贫血。此外，脂肪过多可影响钙和铁的吸收等。

5. 维生素和其他营养素之间的平衡

硫胺素作为辅酶参与体内的糖代谢，故当膳食热能摄入量较高时，维生素 B_1 的摄入量也要相应增加，反之则减少。核黄素和尼克酸在生物氧化过程中具有递氢作用，供应量也应随热能需要量的不同而变化。维生素D可促进钙、磷的吸收代谢和利用。维生素C能促进铁的吸收和利用等。动物实验表明，维生素E能促进维生素C在肝内的储存，维生素B_1、维生素B_2能促进维生素C的合成。一种维生素的不足可影响其他维生素的代谢，如缺乏生物素，会引起泛酸缺乏；缺乏维生素B_1影响维生素B_2体内的利用等。

此外，缺乏膳食纤维会使生理失调，并成为导致一些疾病的原因，但膳食纤维过多则会影响其他营养素的吸收，故也要适量。因此，要注意各营养素之间的平衡，具体供给量可参照有关的营养素供给量标准。

（二）平衡膳食的食物构成

根据目前我国一般人的膳食情况，平衡膳食包括的食物种类及分配比例为：粮谷类30％～40％，蔬菜水果30％～40％，动物性膳食及豆类25％，油脂3％。

1. 粮谷类

粮谷类是热能、B族维生素的主要来源。因此我国人民以粮谷为主食，所以它也是蛋白质的重要来源。在膳食中一般每天应提供粮谷类三个品种，占进食量的30％～40％。不要长期食用过于精细的大米、白面，应间以食用杂粮，如糙米、小麦麸皮等。薯类食物的产热量与谷类相近，不宜作为主食。

2. 蔬菜水果类

蔬菜水果的品种多，是维生素、无机盐和膳食纤维的主要来源，也是日常膳食中主要的副膳食。水果还能提供一些果胶和有机酸，利于食物消化。同时因粮谷类和动物类食物都是酸性食物，应该补充足够的蔬菜和水果类碱性食物才能保持饮食的酸碱平衡，防止发生饮食性酸中毒。蔬菜和水果在膳食中应占膳食总量的30％～40％，一般成年人每天应摄入500g左右的蔬菜和200g左右的水果。且品种要多样化，有色蔬菜和叶菜类应占50％左右。

3. 动物性食物和豆类

这类食物包括肉类、蛋类、奶类、鱼类、大豆及其制品等，是优质蛋白质的主要来源，可与粮谷类蛋白质发生互补作用，提高混合膳食中蛋白质的生理价值，也是许多维生素和无机盐的重要来源。在一般人膳食中，占膳食总量的25%～30%为宜。在动物性食物中，应多选择蛋白质含量较高、脂肪含量较低且耗粮较少的禽、蛋、奶、鱼类及食草动物，而蛋白质含量较低、脂肪含量较高且耗粮较多的猪肉类比重应相对减少。

4. 油脂类

油脂类主要提供热能和必需脂肪酸，且能促进脂溶性维生素的吸收，在膳食中应占3%左右。每天应摄入15g以上的优质植物油，要严格控制动物性脂肪的摄入量，过多的饱和脂肪酸，将导致心血管系统的疾病。

除了各类食物的比例要协调外，不同类的食物搭配也很重要，如主副食的搭配、粗细粮的搭配、荤素的搭配等，总之，全面、均衡的食物才能为人体提供必需的营养素。

第二节　运动员的合理营养

运动员的合理营养是指运动员在维持健康的基础上，摄入的营养物质能够满足运动训练或比赛的需求。合理营养可以提供全面而均衡的营养素，使体内有充足的营养储备，维持良好的运动能力。

一、运动员合理营养的重要性

(一)有助于提供充足的能量，维持适宜的体重和体脂比例

运动训练增加能量的消耗，而体内可快速动用的能源储备有限，如果无充足的能源补充，体内糖原水平降低时，就不能维持高效的ATP合成速率。因此运动员在训练或比赛前应摄取充足的含碳水化合物的食物，保证体内有充足的肌糖原和肝糖原储备。适宜的体重和体脂比例也是运动员良好运动能力的保障，而能量的平衡是维持健康体重和体脂的关键。

(二)有助于延缓疲劳和加速运动后的恢复

机体能源物质的大量消耗和代谢产物的堆积是引起疲劳的主要原

因。运动前、中、后合理的补糖、补液，可以预防运动中脱水、纠正电解质紊乱和防止低血糖的发生，从而有助于延缓运动性疲劳的发生。代谢能力的恢复主要靠合理营养措施才能实现，运动后及时的营养物质补充有助于能源物质的快速恢复和储备。

(三)有利于免疫机能和提高运动能力

大负荷运动训练、不合理的膳食营养可抑制机体的免疫机能，增加感染的危险性。通过合理的膳食营养，尤其是大负荷训练期特殊营养的营养补充能够调节机体的免疫功能。

(四)有助于克服特殊的运动医学问题

按体重级别进行比赛的运动项目，减、控体重是运动训练的重要内容，而由此引起的营养不良、脱水、电解质紊乱、低血糖等医学问题；特殊环境训练的医学问题，如高原训练、热环境及冷环境条件下训练的医学问题，需要特殊的营养监控，保证运动训练和良好的健康水平。

二、运动员合理营养的要求

由于运动员性别、年龄的差异，以及从事运动项目的不同，其营养需求必然存在差异。且运动项目要求复杂，活动强度大，能量消耗高，与一般体力劳动者不同。因此，制定一个通用的营养标准较为困难。但对于运动员的营养可以给出建议，以达到合理膳食营养的要求。

(一)合理膳食营养的基本要求

(1)食物的数量和质量应满足需要，对于不同的运动项目，尤其要考虑三大能源物质的比例及供给量。对运动员提倡高碳水化合物的饮食。

(2)食物应当营养平衡和多样化，且易于消化吸收。

(3)食物应当具有营养密度高、体积重量小等特点。

(4)一日三餐食物的能量分配应根据运动训练或比赛的任务来安排。

(5)食物要具有良好的感官性状，色、香、味俱全，能够引起食用者的食欲。

运动员应做到平衡膳食,高碳水化合物、中蛋白质、低脂肪的饮食标准能满足维生素和矿物质的摄取。因此,需要对每一个运动员进行详细的营养状况评定,包括运动员的最佳体重、体成分、饮食和生活方式、健康状况、心理和生理评定等,要参照运动的专项训练目标及运动强度和持续时间等。

(二)膳食制度的要求

1.进餐时间

运动员应养成良好的进餐习惯,定时进餐,饮食有节。运动员进食的时间和餐次应有规律,定时进餐可使大脑皮层的兴奋性有规律性升高,促进食物的消化吸收。一般食物在进食后3～4 h可从胃排空,含脂肪少的食物如植物性食物停留较短,而脂肪多的食物停留时间较长。一般进餐后2～2.5 h再进行运动为宜,这是因为进餐后的一段时间内,胃的充盈抑制了膈肌的活动,影响呼吸,不利于运动。另外,若进餐后立即运动,由于血液的重新分配,导致消化系统的血流量减少,致使消化吸收能力下降,影响运动能力的发挥。

运动结束后的一段时间内,胃肠道的血液分布才会逐步恢复正常,运动后最好休息30min以上再进餐,大运动量后要休息45min以上。

另外对于能量消耗的运动员和青少年运动员,在训练或比赛间歇可安排加餐,加餐的食物要以易于消化吸收,不增加消化器官的负担为前提。

2.进餐方式和分配

运动前一餐的食物要求体积不能过大,能量密度高,且易于消化吸收,应该以谷类为主,动物性食物为辅。运动后的食物选择可以适当增加蔬菜水果的摄取,满足维生素、矿物质和膳食纤维的需要。

一日三餐的能量分配,应根据运动员一天的训练或比赛情况来安排,原则是运动前的一餐应注重碳水化合物能量的摄取。对于三餐的要求,一般早餐摄入充足的蛋白质和维生素，有利于整个上午的生理机能保持较高的水平。晚餐量不宜大，尤其脂肪和蛋白质不宜多，也不宜有难消化和刺激性的食物，以免影响睡眠和次日的食欲。

三、运动员的膳食指南

在较长一段时间内我国运动员膳食结构一直存在动物性食物较多，而谷类和蔬菜等植物性食物较少的不合理现象，导致动物性脂肪摄入偏高，碳水化合物摄取不足，钙、铁、锌等矿物质和 B_1、维生素 B_2、维生素 A 等摄取不足。根据我国运动员膳食营养的特点和存在的主要问题，我国运动营养学家提出了《推荐的中国运动员膳食营养素和食物适宜摄入量(AI)》，并提出运动员的膳食指南。

(1)食物多样，谷类为主，营养平衡。

(2)食量和运动量平衡，保持适宜的体重和体脂。

(3)多吃蔬菜、水果、薯类、豆类及其制品。

(4)每天喝牛奶或酸奶。

(5)肉类食物要适量，多吃水产品。

(6)注重早餐和必要的加餐。

(7)重视补液补糖。

(8)在医师指导下合理使用营养素补充品。

四、不良的饮食习惯及其对平衡膳食的影响

所谓不良饮食习惯，通常指偏食(只吃少数几种食物)、挑食(单纯按个人的口味喜好择食)、暴饮暴食等有悖于合理营养要求的、经常性的膳食行为倾向。运动员中存在的不良饮食习惯，从运动营养学的观点看，主要反映在以下几个方面。

(1)谷类主食吃得少，有的运动员甚至根本不吃主食，单纯吃菜肴类膳食。

(2)菜肴类膳食中偏食肉类等高蛋白膳食，各种蔬菜的摄食量不足。

这种偏食习惯危害有三个方面:①大量高蛋白膳食的摄入增加胃肠消化负担,使食物在消化道中充盈停留时间长,影响运动员及时进入最佳训练状态。②大量的蛋白代谢产物会增加血液酸性。③易缺乏维生素类营养素。

(3)用餐只重口味而不顾合理搭配膳食。多数运动员往往不能结合自己的运动项目和训练情况有目的地选择食物,而是凭食物的感官性状和自己的口味喜好随意挑吃4～5种膳食,有时少至两三种,达不到吃多样化食物要求,难以实现全面合理营养。

(4)饮食无节,吃得过多。

(5)早餐重视程度不够,或不能按时就餐,或草草填饱肚子了事。

第七章　运动员膳食营养特点

第一节　运动员的能量需要量

竞技体育对运动员在体能和生理负荷等方面要求极高，运动过程中，人体经常处于生理应激状态，并可达到生理的极限负荷，消耗大量的能量。运动员的能量代谢特点是强度大、消耗率高还伴有不同程度的氧债等。体育运动时的能量消耗可达安静时的 2～3 倍，甚至 100 倍以上，如体操、举重等项目。

运动员每天的能量消耗包括基础代谢、运动的能量消耗、食物热效应、适应性生热作用四个方面。

基础代谢是人体在清晨而又极端安静的状态下，不受精神紧张、肌肉活动、食物和环境温度等因素影响时的能量代谢，它是维持生命活动的最低能量消耗。一般在室温 18～25℃，禁食 12h 后，静卧、放松而又清醒时测量，此时能量仅用于维持体温和呼吸、血液循环及其他器官的生理需要。对于非运动人群，基础代谢占每天总能耗的比例最大，约为 60%～75%，运动员由于运动训练的能量消耗多，基础代谢的比例相对减少。

运动的能量消耗即人运动时消耗的能量，一般情况下人体各种体力活动所消耗的能量约占总能耗的 15%～30%，是影响人体能量消耗的主要因素，也是人体能量消耗中最易变化的一部分。运动员的运动能量消耗因运动量(包括运动强度、密度、持续时间等)的不同而有较大差异，多数项目运动员在训练时间内的能量消耗均相当于或超出重体力、极重体力劳动强度的消耗量。集训队运动员在训练课时的能量消耗平均为 4184KJ(1000kcal)左右，约占每天总能耗的 40%，高者可达到 50%。食物热效应(thermic effect of food，TEF)又称为食物特殊动力作用，是指餐后数小时内发生的额外能量消耗。人体在摄食过程中，由于要对食物中的营养素进行消化、转运、代谢、吸收和储存等，需要额外消耗能量，同时引起体温升高和散发能量。食物特殊动力作用在进食后即可出现，2h 后达到最高点，3～4h 基本恢复到进餐前水平，其能耗约占基础代谢的 10%。

适应性生热作用是由于环境温度、进餐、情绪应激和其他因素变化引起的能量消耗，是能量消耗的另外一个重要部分。适应性生热作用在人体还很难证明，但可能对长期体重变化有重要影响。

国内调查资料表明，运动员每天能量需要量范围为 8368KJ～23012KJ（2000kcal～5500kcal），多为 14644KJ～18410KJ（3500kcal～4400kcal），按体重计算为 209KJ/kg～272KJ/kg(50kcal/kg～65kcal/kg)。一些运动项目如乒乓球、体操、击剑等的运动员在训练中精神活动紧张，并不能都反映在能量消耗上。常见运动的能量消耗见表 7－1。

表 7－1　常见运动的能量消耗

活动项目	每分钟每千克体重活动的能量消耗 KJ/(kg · min)[kcal/(kg · min)]	体重 65kg 男子进行 10 分钟活动的能量消耗 KJ(kcal)	体重 55kg 女子进行 10 分钟活动的能量消耗 KJ(kcal)
体操	0.222～0.276 (0.053～0.066)	142～180(34～43)	121～150(29～36)
慢跑	0.481(0.115)	312(75)	265(63)
羽毛球	0.314～0.381 (0.075～0.091)	205～247(49～59)	171～209(41～50)
乒乓球	0.285(0.068)	184(44)	155(37)
棒球	0.289～0.347 (0.069～0.083)	188～226 (45～54)	159～192 (38～46)
排球	0.218～0.318 (0.052～0.076)	142～205 (34～49)	121～175 (29～42)
篮球	0.410～0.577 (0.098～0.138)	267～376 (64～90)	226～317 (54～76)
网球	0.456(0.109)	296(71)	250(60)
足球	0.552(0.132)	363(87)	305(73)
滑雪	0.661(0.158)	430(103)	363(87)
自行车(慢)	0.243～0.423 (0.058～0.101)	158～275 (38～66)	134～234 (32～56)
游泳(20m/min)	0.293(0.070)	192(46)	163(39)

注：摘自国内资料和 Nutrition in Sport(The Encyclopedia of Sports Medicine, R. J. Maughan, 2000)并改编。

第二节 不同项群运动员的营养需要特点

合理的营养摄入是保持运动员身体健康的根本条件，有利于维持运动员适宜的体重和体脂比例，有利于提高运动员的竞技能力和运动成绩。不同的运动专项对人体产生的适应不同，对力量、爆发力、耐力、协调性等身体素质的要求也有较大差异，因此不同项目运动员的营养需要各有其特点。在膳食安排中，应根据运动员运动专项的特点，因人而异地合理安排膳食中的营养搭配，做到科学膳食、营养膳食。

一、耐力性项群运动员的营养需要特点

耐力性运动项目，如马拉松、长跑、长距离游泳、长距离自行车、滑雪等，具有运动时间长、无间歇、运动强度小、以有氧代谢供能为主等特点。运动员在运动过程中，消耗大量的能量和营养素，在运动后期，往往由于肌糖原耗竭、血糖下降、代谢平衡状态被破坏等引起运动性疲劳。

（一）充足的碳水化合物摄取

耐力性项目的运动时间一般较长，主要以糖和脂肪的有氧代谢提供能量，能量消耗很大，可达每小时 528KJ～753KJ（150kcal～1800kcal）。耐力性运动对各种营养素的要求均较高，若能量摄入不足，则可导致运动能力下降，影响训练和比赛。耐力性运动员的膳食中应多选择一些含碳水化合物丰富的食物，如馒头、面包、蜂蜜、饼干等。碳水化合物是耐力运动时最主要的能源物质，一般应占总热量的 60%～70%左右。碳水化合物在人体内主要以肌糖原的方式储存，而肌糖原的积累需要运动训练和摄入糖相结合，因此，在平时的训练期间运动员应注意碳水化合物的摄取，从而进一步提高糖储备。如果运动员的一日三餐所摄取的能量不能满足需要，可在三餐外安排 1～2 次加餐，加餐食物包括含糖饮料、点心、水果、蛋糕等，在选择加餐食物时应考虑营养素的平衡和营养密度。耐力

性运动员在长时间运动训练时，肌糖原被大量消耗，脂肪利用加速，同时部分蛋白质和氨基酸分解参与能量代谢，因此，运动员膳食蛋白质和脂肪的供给量也应较丰富

（二）增加糖原储备量

糖原储备量对运动耐力极为重要，一般认为，在运动训练中适量补糖有利于提高运动能力，但过量补糖却会延长胃的排空时间，影响运动能力，建议在长于1h的运动中补糖的意义更大。为提高运动能力和促进疲劳消除，推荐运动员摄入糖量为每千克体重8g～10g。研究表明，无训练者摄入混合膳食时，肌糖原约为80mmol/kg肌肉湿重，而规律训练者在摄入相似膳食时，肌糖原含量约为125mmol/kg肌肉湿重。如按含糖8g/kg体重的标准摄入膳食，并减少训练量，则肌糖原含量可升高至175～200mmol/kg肌肉湿重。训练良好者摄取中等至高糖膳食，肌糖原可逐日发生超量补偿。糖原负荷的作用在于延缓由于肌糖原耗损引起的疲劳，节约肝糖原，但糖负荷的结果不一。有报道指出，糖负荷对90分钟中等强度运动跑步无明显效果，受试者在跑步至衰竭时肌糖原仍相对较高，而早年的研究却报道运动前几天摄取高糖膳食，使3万米跑步成绩提高约6%，糖负荷的效果和作用机制尚有待进一步阐明。

（三）及时和适量的液体补充

耐力性运动过程中出汗量很大，容易发生脱水症状，在运动前、中、后期适量补液有利于维持体内环境的稳定，在大量出汗的情况下，补充含糖量较低的饮料（小于6%的糖）有利于胃的排空和提高运动能力。大量出汗还会导致体内电解质的丢失，丢失的电解质可在运动前或运动后通过饮用运动饮料补充，而不是在运动中补充。B族维生素和维生素C属于水溶性维生素，一般体内不易保存，且易通过汗液而丢失。B族维生素是物质代谢的重要辅助因子，维生素C的作用广泛，包括抗氧化、促进铁的吸收、促进睾酮合成、加快组织修复等，因此它们的供给量应随能量消耗的增加而增加。运动员在夏季或高温环境中进行耐力训练或比赛时，副

食中应增加含盐较高的食品。注意在运动前、中、后期的合理补液,维持良好的水平衡,从而有利于预防脱水,延缓运动性疲劳及加快运动后的恢复。表7—2列出了长跑运动员在不同距离跑步后的体液丢失量和摄入量。

表7—2 长跑运动员在不同距离跑步后的体液丢失量和摄入量

跑步距离(km)	液体摄入量(L/h)	估计出汗率(L/h)	体重减轻(kg)
32	0.15	1.35	2.4
42	0.4±0.2	1.1±1.1	2.4±0.3
56	0.5	0.9	2.0
67	0.4	0.8	2.4
90	0.5	0.85	3.5

(四)铁和钙的补充

耐力性项目运动员缺铁性贫血的发生率较高,特别是女性运动员体内铁储备较低,由于月经失血再加上不良的饮食习惯,更容易发生缺铁性贫血。为改善运动员的铁营养状况,应加强铁含量丰富的食物的摄入,如猪肝、绿叶蔬菜等。当运动员血红蛋白水平正常时,不需要额外补充铁剂,以免铁蓄积引起中毒。

耐力性项目运动员尤其是女性运动员及少年运动员,在大运动量期间,钙的需求量和流失量增加,应注意观察钙的水平,并养成良好的饮食习惯,加强钙的营养,避免运动性骨量减少的发生。同时注意补铁和补钙的矛盾性,两者有一定的拮抗作用。

二、力量性项群运动员的营养需要特点

力量性运动项目如短跑、足球、举重、投掷、摔跤等,运动员一般体重较重,需要肌肉有较强的力量和爆发力,还要求有较好的神经系统协调性以及良好的心理素质等。这类项目具有强度大、产生的氧债大、运动有间歇及无氧供能等特点,主要依靠磷酸原和糖无氧酵解供能。

(一)充足的蛋白质的摄入

一般力量性项目运动员肌肉质量较大,具有代谢酶活性高、激素调节

水平活跃、运动训练期含氮物质流失多等特点。有些项目如摔跤、足球等，在运动中可能发生外伤，高温下剧烈运动时皮肤出汗也可丢失大量氮。而充足的蛋白质营养可补足运动中的消耗，促进肌肉、血液等蛋白质的合成和组织的修复。蛋白质营养还有助于增加运动员神经系统的兴奋性，加强神经反射活动，提高激素效应，增加肌肉爆发力。因此，对于力量性项目运动员，补充蛋白质时要注意蛋白质的质和量两个方面。在质方面，要选择完全蛋白质及大豆蛋白质等优质蛋白质，其中优质蛋白质至少占总蛋白的1/3；在量方面，我国建议的供给量为每千克体重2.0g，注意不宜超过每千克体重3.0g。蛋白质摄入过多，会引起体液酸碱平衡紊乱、钙丢失增加、肝肾负担加重以及水分丢失增加等问题，对运动不利。为了预防因蛋白质摄入过多而引起的体液偏酸，应增加体内的碱储备。和其他项目一样，力量性运动员的膳食应当是平衡的，含有丰富的碳水化合物、维生素和无机盐，并要适当增加蔬菜和水果的摄入量。部分摔跤和举重等运动员还有减体重引起的脱水问题，及时补液将有利于脱水后重建血管功能。除不鼓励运动员快速减体重外，还应注意糖的补充。

（二）合理使用营养补剂

1.肌酸

肌酸是由精氨酸、甘氨酸和蛋氨酸为前提在肝脏、肾脏和胰脏内源性合成的。肌酸和磷酸肌酸组成人体的肌酸池，大约96%的肌酸池存在于骨骼肌中。肌酸和磷酸肌酸储量的增加有利于维持高强度运动时的ATP水平，并促进反复高强度运动的间歇期磷酸肌酸的再合成。短期补充肌酸可使最大做功和最大力量增加5%～15%。补充肌酸时应根据运动员的实际体重严格掌握补充剂量，一般冲击剂量为每天20g，服用5～7d，维持剂量为每天2～5g，最好肌酸与葡萄糖同时补充，可以刺激胰岛素的分泌，使肌肉摄取肌酸的效率增加。但要注意补充量不当时，会引起体重增加和肌肉僵硬两种副作用。

2.氨基酸及蛋白质

支链氨基酸（亮氨酸、异亮氨酸、缬氨酸）与色氨酸竞争性抑制大脑内

5—羟色胺(5—HT)的产生,具有抗中枢疲劳的作用,可以节省体内能源物质的利用,一般在运动中给支链氨基酸混合液 0.15g/kg·h。离子交换乳清蛋白具有水溶性好、生物价高、无乳糖、支链氨基酸含量高的特点,有利于肌肉蛋白的合成。

3. 其他

外源性生长激素的肌肉合成作用至今尚有争议。冲刺、爆发力和重复的离心性运动本身可有效提高体内生长激素水平,短跑、举重等力量性项目运动员如果膳食能量和营养素适宜,不必额外补充维生素或矿物质。此外,力量性项目运动员尤其是控体重期的运动员,还应定期检查运动前后的体重,特别是减轻体重期的尿液颜色、尿比重等,以了解是否存在脱水情况,并及时纠正。

三、技巧、灵敏性项群运动员的营养需要特点

技巧、灵敏性项目一般包括击剑、体操、跳水、跳高等。运动员在运动过程中神经活动紧张,动作为非周期性,复杂而多样化,难度大,并对协调、速率和技巧性要求较高,同时由于技术的要求和完成高难度动作经常要注意控制体重和体脂水平,在供能方面主要依靠糖无氧酵解。

(一)科学的膳食搭配

体操、跳水等项目在运动过程中的总能耗不高,但为了完成高难度的复杂动作需要经常控制体重和体脂水平,因此这类运动员的膳食能量不宜过高。膳食中碳水化合物以占 60%～65%为宜。为保证神经活动紧张过程的需要,膳食中应提供充足的蛋白质,占总热量的 12%～15%,减体重期间应增加为总热量的 18%左右。膳食脂肪的供给量不宜过高,以占 20%～25%为宜,尤其要减少饱和脂肪酸的供给,使体脂达到维持健康和机能要求的最低水平。

(二)充足的维生素和矿物质供应

技巧、灵敏性项目运动员在运动过程中神经活动或视力活动紧张,对

维生素、矿物质等营养素的需求量大，另一方面，运动员由于要保持适宜的体重，一般采取限制饮食的措施控制体重，这常因营养素搭配不合理导致维生素和无机盐的营养不平衡，所以在膳食中要提供含B族维生素、钙、磷等维生素和无机盐丰富的食物，维生素 B_1 的供给量应达到每天4mg，维生素C每天140mg，对于乒乓球、击剑等视力活动紧张的项目应保证充足的维生素A供给，每天应达到1800μgRE(6000IU)。良好的钙储备对维持骨骼发育和健康以及神经肌肉的兴奋性起着重要作用，我国推荐运动员适宜的钙摄入量为每天1000mg～1500mg，高于普通成人摄入量。对于体操、舞蹈等项目的女性运动员，由于控制体重引起月经紊乱、雌激素水平低，再加上钙摄入不足、饮食不规律等情况，有可能发展为女运动员骨质丢失，应注意综合预防。

四、球类项群运动员的营养需要特点

球类运动包括篮球、足球、排球、冰球等，此类运动具有运动强度大、能量消耗多、运动时间长等特点，要求运动员具备力量、灵敏、速度、技巧等多方面的素质。

(一)膳食能量供应充足

这类项目运动员的能量消耗很大，其膳食供给量应根据运动量的大小，保证充足的能量。研究指出，大部分团体项目运动的主要能量来自人体内碳水化合物和脂肪的氧化。膳食能量成分一般为：碳水化合物60%～65%，蛋白质10%～15%，脂肪20%～30%，应保证以高碳水化合物为中心，尤其在运动前的3～4h采用高碳水化合物饮食。我国对于足球、篮球、排球运动员建议的能量摄入水平是4200kcal～4700kcal或更多。

有研究表明蛋白质不但可以供能，还可以调节人体生理功能，增强机体抵抗力，提高中枢神经系统的兴奋性，有些氨基酸如蛋氨酸和赖氨酸等有助于条件反射的建立。由于球类运动员多在神经高度紧张的情况下运动，应注意蛋白质的供给。建议球类项目运动员的蛋白质供给量占总能量的12％～15％，还要注意选择含优质蛋白质的食物。另外，对于足球等容易造成肌肉损伤的项目，在运动后迅速补充蛋白质有助于修复受伤的肌肉和组织。

（二）及时补液

对于球类项目，补液可以减轻疲劳感，提高运动员的耐力，这可能与儿茶酚胺分泌减少有关。一场比赛运动员可失水2L左右，脱水是间歇性运动引起疲劳和导致运动能力下降的主要原因，所以运动员要注意在运动前、中、后期及时补液。补液时宜选用低糖等渗的运动饮料，含糖量不要过高，以免引起胃不适和延长胃排空时间。赛前一天和比赛当日应充分补液，补液量应大于仅仅满足口渴感觉；运动中补液应遵循积极主动、少量多次的原则。环境是影响运动员补水的重要因素，实际运动员的补液量往往低于汗液丢失量，所以应加强对水的补充。

（三）合理补糖

球类运动一般运动时间较长，能量消耗和水分丢失较多。试验表明，运动前补充含糖饮料，在足球赛后半场的跑步距离比饮用对照液者多40％。另有报道指出，足球运动员在练习赛前10分钟补充7％葡萄糖溶液0.5L，然后在比赛的半时再补充同浓度同量的葡萄糖，可节约肌糖原39％，疲劳产生时间延迟。运动后为了加快糖原储备的恢复应尽快补糖，一般运动结束后补充50g，之后每隔1～2h补充一次，直至下一餐。恢复期的24h内，补糖总量应达到每千克体重10g，并采用高糖膳食。

五、游泳运动员的营养需要特点

游泳运动包括很多类型，如自由泳、蛙泳、蝶泳等，由于水的密度和导热性与空气不同，水的阻力大、温度低，所以游泳运动员在水中的散热量增加，能量消耗多。运动员根据专项特点参加不同类型的训练，每次训练的时间长、强度大，需要良好的营养为其提供充足的能量。

(一)能量消耗与补糖

国外有研究报道,运动员每天进行四小时游泳训练,男、女运动员的能量消耗分别为16800KJ～22600KJ(4000kcal～5400kcal)和14200KJ～16800KJ(3400kcal～4000kcal)。游泳运动员不同于跑步运动员,由于低水温对食欲的刺激,能量摄入量较高,但因游泳运动消耗能量高,部分运动员的膳食摄入能量仍不能满足需求,且游泳运动员的能量来源存在脂肪摄入过多和碳水化合物摄入较少的问题。因此游泳运动员的膳食中碳水化合物的供能应占总能量的60%以上。肌糖原的再合成与摄糖量呈正比,但摄糖量达到每天600g后,肌糖原的再合成不一定继续升高。运动中补糖的个体差异很大,少数运动员在长时间运动后会出现血糖下降的现象,甚至达到低血糖水平,对于此类运动员应采取运动前和运动中补糖的措施,但也有主张全队在运动中都补糖的做法。运动后补糖可促进肌糖原的恢复,长时间高强度、大运动量的训练常会导致慢性肌肉疲劳,这与大强度训练后的肌糖原未能及时恢复有关,因此运动结束后应尽快补糖,并采用高糖膳食进行补充。

(二)其他营养素的补充

保持瘦体重和肌肉力量对游泳运动员的比赛能力极为重要。蛋白质的分解会因慢性肌糖原耗竭和膳食能量不足而加速,而蛋白质的含量降低会使体重减少。有研究表明,竞技游泳运动员在大运动量期间对蛋白质的需求量增加,因此应增加蛋白质的摄入量至每天1.5g～2.0g。游泳运动员需要较多的脂肪和维生素A,因为它们有利于运动员在水中保持体温和保护皮肤。游泳运动员摄入较多的脂肪一般不会产生脂肪氧化不全和酮体堆积现象,这与水温过低、体内物质氧化过程加强有关。在大运动量期间,小剂量的补铁有助于预防血红蛋白和铁蛋白含量的降低,尤其是长距离游泳运动员,更需要较多的维生素及无机盐补充。

第八章　运动员各种运动性伤病的营养措施

第一节　运动性贫血的发生机制及营养学防治措施

贫血指的是单位容积中红细胞计数或血红蛋白浓度低于正常值的现象。“贫血”一词并不能代表一个具体的疾病，它由多种不同的原因所引起。本章重点阐述与运动训练或体力活动有关的贫血现象。

1959 年日本学者首次提出“运动性贫血”(sports anemia)这一术语。之前虽然不少学者报道了运动训练对血红蛋白、血球压积和血浆容积等影响的研究结果，但未被医学界，尤其是运动医学界重视。近年来，学者们对运动员贫血的诊断标准、发生(检出)率、原因、影响因素、临床症状、实验室检查、诊断和鉴别诊断、预防和治疗等方面进行了较多的研究，深化了人们对运动员贫血的了解和认识。

专家们对运动员贫血的分类呈多样性：有人按照原因分类，也有人在论及运动员贫血时将其分三类。其中因运动所致的两类贫血称为“假性贫血”(即“血液稀释”学说)和“真性贫血”。“血液稀释”指运动员在大运动量训练后，血容量扩大使血液中血红蛋白相对稀释；而“其他原因贫血”则与运动无关，包括失血、缺乏造血原料、溶血、骨髓造血功能衰竭及继发于其他疾病等贫血。运动员贫血的发生并非单一因素，往往是诸多因素共同作用的结果，其中大运动量的作用是一个主要因素。

一、运动性贫血的原因

(一)缺铁性贫血

缺铁性贫血属学者们认为的运动所致"真性贫血",在检测红细胞数、血色素和血球压积时,发现总红细胞数绝对值的减少,是我国运动员贫血的主要类型。

铁元素在体内的重要性一个正常成人体内总铁量平均为3～4.5克,如按每千克体重计算,一个健康男子全身铁量约为50 mg/kg体重,成年女性为35 mg/kg体重。铁原子分为二价铁(还原型)和三价铁(氧化型)。从氧化铁即铁锈的产生不难看出,铁在空气中极易和氧结合。但在生物体内,铁与血卟啉的有机化合物结合,生成血红素,血红素在氧浓度高时与氧结合,而在氧浓度低时又极易和氧分离,铁的性质通过血红素的性质表现出来。

血红细胞中的血红蛋白通过铁元素的功能将氧从浓度高处结合吸入体内,并运输到全身各处。血红素铁约占55%～57%。在细胞内生成能量时需要铁。各细胞内都含有电子传递系统,在将能量物质(葡萄糖等)转化成氢氧过程中,将能量物质中的氢逐步传送给氧,使氢与氧结合成水。这个环节中会出现含有血卟啉铁(血红素)的化合物;细胞内含有过氧化氢酶和促进氧化反应的过氧化酶都是血红素化合物,担负着新陈代谢的功能。

肌肉中尤其是红肌中含量高的肌红蛋白与血红蛋白很相似,都是血红素化合物。肌肉色素铁约占7%。肌红蛋白与氧的结合力更强一些,它能够捕获通过血液运送来的氧,吸收进肌肉组织加以利用。

人体内还有储备铁,占人体内总铁量的20%～35%,以铁蛋白和含铁血黄素的形式储存于肝、脾和骨髓等部位的单核巨噬细胞系统,供血红蛋白合成之用。

铁元素在人体生理功能中起到极其重要的作用,但运动引起铁缺乏的机制仍在研究之中，运动员铁缺乏的主要原因有这些解释：铁的摄入不足、丢失过多、肌红蛋白竞争及同时伴有的负氮平衡等因素均可加剧贫血的发生。

1. 饮食铁摄入不足

根据陈吉棣等学者对运动员膳食调查结果的报告，女运动员的铁摄入量为 17.8±2.2mg/d，但其中吸收利用率高的色素铁只占 9.6%，男运动员的铁摄入量和色素铁占总铁的比例则分别为 25.4±4.0mg/d 和 8.5%，可见在较高的伙食标准下色素铁的比例不高，限制了铁的吸收率和利用率。

2. 铁从汗液丢失

大量出汗是缺铁性贫血的一个重要原因，陈吉棣指出运动员一次大运动量训练课可丢失铁 1.55±0.47 至 2.0±0.6 毫克，汗液中的铁离子的浓度可达 42±9.5μg/dl 至 63±2.5μg/dl，每丢失一立升汗将丢失 0.4～0.6 毫克铁。有的运动员一天大运动量训练可丢多达 4 升水（主要是排汗，小部分从呼吸道排出），由此丢失的铁离子量较多，可达摄入铁离子总量的 50%。

机体形成贫血有一定的过程，第一阶段是储备铁的减少，骨髓、肝和胰脏的铁储存耗竭速率上升，此时正在发挥功能的铁数量尚充足，但已经处于对生理产生恶劣影响的状态，血清铁蛋白数量开始减少，有人称之为缺铁性贫血潜伏期或隐性缺铁期，临床并不表现贫血症状。第二阶段是指尚未引发贫血的缺铁状态。此时血清中的铁蛋白数量减少，转运铁蛋白的饱和率也降低（由于肠道中吸收的铁数量减少，血清中的转铁蛋白不能携带足够的铁），红细胞自由血卟啉增加（血卟啉需要与铁接触才能变成血红素，由于铁的不足，血卟啉原封不动随血细胞流失）。由于骨髓铁供应减少，红细胞生成率降低。第三阶段是指缺铁性贫血的发生。

（二）血液稀释

一些学者认为血液稀释的原理是，机体对运动的应激反应是组织器官对供氧的需求增高,一方面血红蛋白合成增加、红细胞生成及向循环系统释放加快以增加氧运输量带来的负面效应增加,使血液粘度和血流阻力增大;另一方面抗利尿激素和醛固酮应激性升高,增加血容量,以满足心输出量增加的需求,降低血流阻力,增加血流速度。有学者提出当运动员适应于长期训练会使血量增多,他发现男长跑运动员比对照组的总血容量增加 25%,但红细胞量与血浆容积呈比例增加,在另一研究中观察到不运动的男子跑步一月后其总血量增加 6%,但红细胞总数未变,据此认为运动员训练中发现的急性血红蛋白和红细胞压积降低,可能是由于血浆容量扩张的结果。此外,对曲棍球女运动员的调研观察到,如果仅仅是血液稀释的结果导致血清铁蛋白减少 37%,血容量必须增加 58%,而后者不是事实。一般来说,正常男子平均血清铁蛋白浓度 94μg/L,高水平运动员是 32μg/L,只有正常值的 1/3,如果是单一血液稀释的结果即意味着运动员的血容量需要增加近 3 倍,从生理或解剖的角度不大可能。这种运动训练适应性变化的机制尚不清楚。但可以确定,红细胞压积的最佳状态是 40%左右,此时氧的释放增加,红细胞压积过高时血液黏度增加。氧的释放降低,对保持和提高运动能力不利。

(三)溶血性贫血

剧烈的体力劳动或运动导致的溶血会产生运动性贫血,如激烈运动可能使得红细胞寿命缩短,红细胞过早或过多破坏就称之为“溶血”。新生的红细胞不能补足破坏的红细胞数量会发生“溶血性贫血”。如果是红细胞在血管内破坏过多,就称为“血管内溶血”,如果红细胞是在脾脏及肝脏内被破坏过多则称为“血管外溶血”。

成熟红细胞平均寿命为 120 天,正常情况下,全身成熟红细胞总数中每天约有 1/120 因衰老而死亡,同时有相等数量的新的成熟红细胞生成,使人体内成熟红细胞数保持恒定。正常红细胞凋亡主要是由于细胞老化过程中血红蛋白、膜蛋白、酶蛋白等结构与功能发生一系列变化,此外常人成熟红细胞在 120 天中循环路途近 500 千米,运动员的成熟红细胞循环路途高于常人，受到的机械创伤如足底血管床对红细胞的挤压，红细胞遭破坏的几率更高。正常情况下，衰老的红细胞约90%在脾脏及肝脏被吞噬细胞破坏，10%在血循环运行过程中溶解破坏。正常骨髓能够根据机体需要不断生成红细胞补足这些衰老破坏的红细胞。骨髓造血潜力非常大，如果机体需要时，骨髓可比平日增加6～8倍。

其他与大运动量相关的因素如血液循环速度加快、体温升高、肌肉或足底的挤压、外伤、血浆pH值下降以及儿茶酚胺浓度增高等原因均可导致红细胞渗透脆性增大，破坏加速。

（四）胃肠道疾病

慢性胃肠道疾病是运动员中常见的与应激有关的疾病，包括慢性胃炎、慢性肠炎、胃或十二指肠溃疡、急性胃黏膜出血等，并发出血的机会很多。各种造血原料的吸收又都有赖于胃肠道正常的生理功能，胃肠道疾病吸收不良综合征所致的继发性贫血甚为常见，其贫血性质大多为失血性贫血及铁、维生素B_{12}和叶酸缺乏引起的贫血。

（五）自由基和过氧化物损伤

高强度运动导致的氧自由基引起过氧化物的破坏作用或运动中缺氧导致的红细胞损伤，可能导致红细胞破坏增加，从而引起运动贫血。自从人们首次应用电子自由共振（ESR）技术，直接测定亚急性运动至衰竭的大鼠自由基生成比安静对照鼠高2～3倍以来，陆续有许多学者证明剧烈运动导致自由基增多并损伤红细胞膜，使红细胞老化、破坏加速，是产生运动性贫血的原因之一。于基国观察到，运动员6周的大强度训练和一次3000米全力跑均对反映红细胞老化的指标有影响，红细胞膜MDA含量、NA，K－ATPase活性、SOD活性及红细胞唾液酸含量有显著性变化。其结果证明剧烈运动引起红细胞老化加速和氧化损伤与运动性贫血之间有密切关系。

体内铁调节蛋白是细胞铁平衡的蛋白，其和铁反应成分结合，是控制铁的重要成分，它在运动员贫血中的作用已受到注意。

某学者关于缺铁性贫血和运动负荷对大鼠红细胞损伤的影响研究中，采用雄性大鼠递增负荷游泳实验，并用低铁膳食制造缺铁性贫血模型，以红细胞最大和平均变形性、面积、直径、膜带－3蛋白、血液和肝线粒体丙二醛(MDA)、超氧化物歧化酶(SOD)等指标，观察运动负荷、铁储备下降或缺铁性贫血中单一因素及联合因素对红细胞损伤的影响。结果显示运动鼠无论是否有缺铁性贫血，红细胞的膜带－3蛋白均有显著丢失，其丢失意味膜骨架受损害，同时红细胞变形指数明显下降，运动后鼠血浆和肝线粒体MDA水平及Cu－Zn－SOD活力增高，是机体的防御反应。由此可见，运动对血红蛋白含量的影响在缺铁的情况下更明显。

有学者观察到46名17～19岁男战士在高强度正步训练后，有16名出现血红蛋白尿，患病的战士同时伴有训练后的血清SOD和红细胞SOD水平显著下降，红细胞MDA水平明显上升。激烈运动很可能是一种可以引起红细胞损伤，缩短红细胞寿命的重要因素。

已有研究表明，急性运动后心肌、肝脏、肾脏等组织自由基产生增加，并有自由基损伤，LPO含量增加。急性运动后血浆LPO浓度的升高，可能是红细胞膜受自由基攻击的结果，也可能是其他组织自由基损伤的总体反映，曾有报道表明，在疲劳运动后血中谷胱甘肽还原酶(GR)活性下降。另报道急性运动后血浆总谷胱甘肽升高，肝脏还原型谷胱甘肽(GSH)严重排空。GSH是GSH－PX最重要的底物，在抗自由基损伤中起重要作用。剧烈运动时红细胞内血红蛋白氧化速率加快，产生大量自由基，增加了红细胞膜的脂质过氧化，降低了红细胞膜的流动性及变形能力，导致了红细胞破坏。因此，自由基损伤可能是某些运动性贫血的重要原因。

一些学者通过测定30名中老年人在不同强度下，进行为期3个月的健身跑中红细胞MDA和SOD活性的变化，研究分析红细胞自由基代谢的变化特点。发现最适宜的运动强度为60％HRmax(42％VO_2max)。

该强度下的长期锻炼能有效提高老年人红细胞对抗自由基作用和能力，降低自由基水平，减轻或阻止自由基对红细胞结构及功能的破坏和损伤。

由上述的研究可认为，由于不同的运动量和强度对机体自由基的作用不同，对红细胞的破坏或保护作用是不同的。

二、运动性贫血的影响因素

（一）运动训练

运动员贫血容易发生在业余训练转入专业训练，训练量及强度变化的时期；运动员冬训中的大运动量期、重要比赛前的大运动量训练期等。

（二）机体代谢性改变

机体蛋白质分解代谢明显加强，血红蛋白下降是对训练量增加的适应性变化。陈吉棣等观察 7 名女子篮球运动员训练时间由每周 15 小时增加到 21 小时，训练内容增加了力量和速度耐力的强度后，在总能量和蛋白质摄入量增加的同时，尿氮排出量由 10.0±0.3g/d 增加至 12.7±0.4g/d，增加了 1/5，并且运动员的表现为明显的负氮平衡，由正 1.1±0.6g/d 变为负 1.6±0.6 g/d，差别显著（$P<0.05$），同时血红蛋白水平也有下降。在另一大样本运动员实验中证实在进入大运动量早期，多数人的血红蛋白水平显著下降，尿氮的排出明显增加，运动员的血红蛋白水平与血浆蛋白质呈中度程度相关（$r=+0.46$），与蛋白质摄入量呈轻度相关（$r=+0.28$）。

三、运动性贫血的临床症状及其对运动能力的影响

（一）运动性贫血的临床症状

1. 运动员贫血症状的轻重取决于贫血的程度、产生的速度及原因

如果是缺铁性贫血，往往起病隐匿、进展缓慢，病情发展大致可分为潜在性缺铁、轻度缺铁性贫血、中度和重度性贫血，各期的临床症状不一。

潜在性缺铁和轻度贫血期间由于运动员心血管系统的代偿能力较强，在进行性加重的长时间里逐渐适应，安静状态及小运动量时症状不明显，仅在运动量较大或强度较高时出现某些症状。发展到中度和重度贫血时，由于血红蛋白水平的下降会明显影响氧的运输能力，导致全身组织与器官都有不同程度的缺氧，逐渐加重疲乏、无力、头晕、头疼、耳鸣、记忆力减退、注意力不集中和反应能力下降等中枢神经系统症状。体征有皮肤、口唇及眼结膜的苍白。心血管呼吸系统有代偿性呼吸和心跳频率的加快，引起心悸气短，运动能力和运动成绩下降。更加严重的贫血会引起指甲变薄弯曲变形、食欲不振、恶心、腹胀、月经失调、闭经等症状，甚至出现贫血性心脏病，心脏扩大，心力衰竭。

2.运动性贫血的血液学指标特征

据陈吉棣报道，23名贫血运动员的血液检查结果是：血红蛋白10.8±0.6 g/dl，红细胞数(4.05±0.52)$\times 10^{12}/mm^3$，色素指数0.90±0.12(<0.9者11例)，血小板和白细胞基本在正常范围内，网织红细胞计数为0.38±0.4%(其中16例低于正常值0.5%)；其中约半数为小细胞、低色素缺铁性贫血，另半数为正色素性贫血，未见到高色素性大细胞性贫血。该组贫血运动员中网织红细胞百分比偏低，不支持有溶血性贫血。

(二)运动性贫血对运动能力的影响

运动员患贫血时，血红蛋白、红细胞及血球压积低于正常值，加上肌红蛋白的变化，有氧能力相应下降。根据一些学者的研究，贫血时最大吸氧量、呼吸量、氧脉搏降低，这些指标还随贫血严重程度变化。严乐义等研究结果是缺铁性贫血时，血红蛋白的合成量减少，血液运氧容量降低，会严重影响体力工作能力和劳动效率。

邓会芬在12岁到13岁的初中学生中观察到改善贫血对运动能力的作用。30名轻度贫血者每日口服硫酸亚铁300毫克、维生素C50毫克，50天后，学习和运动能力都有明显的提高。适当的饮食、补充铁剂和维生素C，可迅速纠正贫血并使学习和运动能力恢复正常。

四、运动性贫血时机体的生理生化反应

在缓慢发生的贫血中，氧解离曲线右移，红细胞内 2，3－二磷酸甘油酸（2，3－DPG）的合成增加，2，3－DPG 有与脱氧血红蛋白结合的能力，使血红蛋白与氧的亲和力减低，促进 HbO_2 解离曲线右移，使组织在氧分压降低的情况下能摄取更多的氧。机体对贫血产生 Bohr 效应，即贫血时缺氧引起肌肉和其他组织无氧糖酵解，使乳酸生成并堆积，因组织液偏酸，血红蛋白与氧的亲和力减低，氧的释放增多，使组织氧供应改善。

五、运动性贫血的诊断

有学者认为耐力运动员的血红蛋白不应低于 150g/L。有学者认为运动员的红细胞压积不应该低于 45％，约相当于 160g/L，但不得超过 48％。过高的血球积压意味血液黏稠度增加，伴有血流速度减慢，心脏收缩后负荷增大，组织氧运转速度减慢等对运动员的健康与运动能力产生不利作用。

检测贫血原因时应该注意粪便潜血实验（隐血实验），检查胃肠道小量失血，可选择简便适用的检验方法，检查前三天素食，以免摄入的动物食品中的铁引起假阳性。

六、运动性贫血的预防和治疗

（一）预防措施

科学调整运动量再加上合理的膳食是预防运动员贫血的主要措施。运动员摄入平衡膳食是预防缺铁性贫血的主要方法。食物中的铁元素是首要考虑的营养素，它分为有机铁和无机铁两种，有机铁是铁原子与其他有机化合物结合后生成的，血红素铁就具有代表性，血红蛋白和肌红蛋白都是这种有机铁与球蛋白复合的产物。

动物性食品中的铁多是血红素铁。动物在高速运动时需要消耗大量氧，其肌肉部位对铁的需求量增加，这部分肌肉含有丰富的肌红蛋白，肉色呈红色。内脏器官如肝脏内含有铁蛋白和含铁血黄素。

虽然专家们对是否预防性补铁意见不一，但是建议通过膳食补充充足铁元素的观点一致，选择含量和吸收率高的食品是预防缺铁性贫血最基本的保证。同时膳食中保证其他与铁吸收有关营养素的摄入也非常重要，如充足的蛋白质、维生素 C、B_{12} 和叶酸。在运动员处于潜在性缺铁期时是否应该补铁剂，补的量以多少为宜，专家意见尚不一致。

应定期监测运动员的血色素和血清铁蛋白，做到早期发现、早期预防。加强运动员中的易感人群的全面营养干预及教育，主要包括大运动量期、控重、减重、耐力项目、女运动员、儿童少年运动员等人群。

（二）缺铁性贫血的临床治疗

使用口服铁剂共同的注意事项是禁忌用茶水送药，服后粪便染黑，隐血试验呈阳性。硫酸亚铁每片 0.1 克 $FeSO_4-7H_2O$ 含铁 20 毫克，服法为片剂 0.3～0.6 克/次，3 次/日，饭后服。

富马酸铁（富血酸）每片 0.2 克含铁 66mg，0.2～0.4 克/次，3 次/日，进餐时或饭后服，可以减少胃肠道刺激，如仍有不适，可先将剂量减半再逐渐增加剂量。开始治疗后短时期内网织红细胞计数明显升高，于 5～10 天间达到高峰，平均 6%～8%，范围 2%～16%，2 周以后又降至正常范围内，血红蛋白常于治疗开始 2 周后逐渐上升。完全恢复正常需要约 2 个月时间。但即使血红蛋白已完全正常，小剂量铁剂治疗仍需要继续 3～6 个月，以补足体内应有的铁储存量。

如果口服铁盐不能使贫血减轻，须考虑这些可能：①患者未按医嘱服药；②所患贫血可能不是缺铁性贫血，考虑诊断有误；③出血未得到纠正，失血量超过了新生成的量；④同时有炎症、感染、恶性肿瘤等疾病干扰了骨髓对铁的利用；⑤有腹泻或肠蠕动过速，影响了铁的吸收；⑥所用药片陈旧，以致在胃肠道内不能很好溶解、吸收。

一般尽量用口服药治疗，仅在下列情况下才用注射铁剂：①肠道对铁的吸收不良，例如胃切除或胃肠吻合术后、慢性腹泻、脂肪痢等；②胃肠道疾病可由于口服铁剂后症状加重，例如消化性溃疡、溃疡性结肠炎、节段性结肠炎、胃切除后胃肠功能紊乱及妊娠时持续呕吐等；③口服铁剂虽经减量但仍有严重胃肠道反应。

常用的铁注射剂有右旋糖酐铁及山梨醇枸橼酸铁。约有5%的病人注射铁剂后会发生局部疼痛、头痛、发热、荨麻疹等。右旋糖酐铁静脉注射后反应多而严重。山梨醇枸橼酸铁为铁、山梨醇与枸橼酸复合物的等渗水溶液,作用与右旋糖酐铁相同,其疗效并不比右旋糖酐铁优越。不良反应与右旋糖酐相同。

同时进行其他辅助治疗,如维生素C虽能促进食物中铁的吸收,但用铁盐治疗时并非必要。盐酸能促进高铁的吸收,但并不促进低铁的吸收,故口服硫酸亚铁时没有必要同时服用稀盐酸,除非病人有缺乏酸的胃肠道症状。

(三)其他营养不良性贫血的治疗

1. 叶酸

用于叶酸缺乏引起的巨幼细胞贫血,如妊娠巨幼红细胞贫血、婴儿营养性大细胞性贫血。叶酸5毫克口服,每日3次,也可用甲酰四氢叶酸3~6毫克,每日一次肌注,一般用药开始后的第5~10天(8天)网织红细胞计数明显上升,两周后又降至正常,血红蛋白每2周上升20~30g/L(2~3g/dl),饮食增加,舌炎消失,至1~2月血相和骨髓相完全恢复正常。

甲叶酸钙(甲叶钙、CF)是叶酸的活性形式,其功能与叶酸相同,为机体细胞生长和分裂所必需的物质,参与体内多种生化反应,与叶酸不同的是本品可直接显效。临床主要用于治疗巨幼红细胞贫血和粒细胞减少症,用于甲氨蝶呤中毒时急救等。

大剂量叶酸对维生素 B_{12} 缺乏的贫血和胃肠道症状也部分有效,但不能减轻神经系统症状,甚至可使之加重而造成严重的后果,如一时分不清叶酸缺乏或维生素 B_{12} 缺乏,可两者同时并用。叶酸缺乏的病人常同时伴有蛋白质、其他维生素或铁质缺乏,在治疗时也应注意补充。

2. 维生素 B_{12}

用于恶性贫血、各种巨幼红细胞性贫血,维生素 B_2 缺乏症以及神经系统和肝脏疾病的治疗。开始可每日一次肌肉注射100微克,两周后改为每周2次,连续给药4周或待血象恢复正常后每月注射1次,作为维持治疗。恶性贫血及全胃切除后的病人需长期(或终身)接受维持治疗。在治疗后第 4～10 天,网织红细胞增高。血红蛋白 1～2 个月达正常。如果血象进步开始很明显,但以后进步缓慢,应考虑合并缺铁性贫血,补充铁剂。胃游离盐酸的消失在恶性贫血病人常不能恢复正常。

周围神经病可逆转恢复正常,但脊髓损害却不能逆转。辅酶维生素 B_2 的服用方法为片剂 250 微克、250～500 微克,口服 1～3 次/日。针剂每次 500 微克、500～1000 微克,1 次/日。治疗范围与维生素 B_{12} 相似,另可用于放射线及药物引起的白细胞减少。

其他与抗自由基有关的如维生素 E,谷胱甘肽类,锌元素均对运动员贫血有一定作用。

第二节　运动性免疫力下降的发生机制及营养学防治措施

一、运动对机体免疫力的影响

1982 年记者在对 150 名成功跑完 56 千米超长马拉松比赛的运动员进行的调查中发现,与年龄相当、居住在同样家庭而未参加运动的人群相比,运动员比赛后上呼吸道感染(upper respiration tract infection,URTI)的发病率为 33.3%,明显高于对照组的 15.3%。1989 年学者在对参加 5、10、20 千米长跑训练的 273 名运动员的调查中再次证实,参赛后运动员的 URTI 发生率明显高于对照组,说明运动对 URTI 的发生率确有影响。

有学者报道中等量运动对免疫细胞数产生的影响较小,有时伴有自然杀伤细胞(natural killer cell,URNK)和自然杀伤细胞毒活性(natural killer cell cytotoxicity,NKCC)的增高及 T 淋巴细胞对有丝分裂素的反应性增高。

有人报道大运动量训练可引起淋巴细胞量的快速增加,但 30 分钟后即迅速下降,且低于运动前水平;NK 细胞数表现为运动后快速升高

150%～300%，1到2小时后降低至运动前水平，NKCC也相应降低；淋巴细胞对促有丝分裂素的反应性降低；补体水平和黏膜IgA水平也降低。这与大运动量训练对URTI发病率的影响也是一致的。

郭建军等报道，一般训练能提高巨噬细胞分泌IL－1和IL－6的能力，但强化训练只提高巨噬细胞分泌IL－1的能力，IL－6的产生能力在大强度训练时受到明显抑制。因此中低强度或短时间高强度运动，亦能增强机体免疫机能。但长时间高强度运动后，则机体的免疫机能下降，且恢复时间延长。

相同运动强度而不同持续时间的运动，对机体免疫机能的影响是不同的。尽管同是有氧运动，但持续时间不同对机体免疫机能的影响却是相反的，即适量训练对NK细胞杀伤活性和脾淋巴细胞分泌L－2能力的提高作用在过量训练时受到明显抑制。

研究显示，长时间高强度运动会抑制免疫机能，如果在机体免疫系统机能尚未完全恢复正常时又重复下一周期高强度运动，则会加深对它的抑制。如此反复，则会深度抑制免疫机能。反之，反复多次短时间高强度运动则提高机体免疫机能，就是由于这种运动诱导机体免疫机能的“超量恢复”。

二、运动员运动性免疫力降低发生的原因

运动性免疫抑制的可能机理引起运动性免疫抑制的因素有很多，也较复杂，据国内外研究报道与下列因素有关。

第一，植物性神经系统的作用。中枢淋巴器官与外周淋巴器官接受交感神经、副交感神经的双重支配。交感神经兴奋一般引起免疫抑制效应，而副交感神经兴奋一般引起免疫增强效应。运动时交感神经兴奋而副交感神经抑制，故免疫机能受到抑制。

第二，激素、神经递质等的作用。激素、神经递质、神经肽、细胞因子是对机体免疫功能具有最重要调控作用的调节物质。分为免疫增强类调节物质与免疫抑制类调节物质。其中免疫抑制类调节物质主要包括促肾上腺皮质激素释放激素、促肾上腺皮质激素、糖皮质激素、生长抑素和儿

茶酚胺等。运动时,应激激素等调节物质绝大部分为免疫抑制类调节物质,可对免疫系统产生强烈的抑制作用。尽管运动过程中生长激素等个别免疫增强性物质分泌量也有增加,但其免疫增强效应远远小于免疫抑制效应,所以总效应表现出免疫抑制。研究证实长期高强度运动后,下丘脑和血浆中 GC、AVP、β—内啡肽、DynA113 水平明显升高,而在垂体中这些神经肽水平较低,提示应激激素和神经肽的合成、分泌、释放等环节可能出现紊乱,由此引起β—内啡肽、GC 等激素升高而导致免疫能力低下。

第三,免疫抑素、免疫抑制因子的作用。免疫抑素是由促肾上腺皮质激素和生长激素等刺激细胞生成,具有较强的免疫抑制效应。在应激过程中,免疫抑素升高对免疫机能有抑制作用。在应激情况下,血清中也会出现多种免疫抑制因子。它们可以抑制淋巴细胞生成 1L—2 的过程和淋巴细胞的增殖作用,因此对免疫机能也有抑制作用。

第四,免疫系统细胞 DNA 损伤或凋亡。一些学者报道运动过程中产生大量的自由基可渗透到免疫细胞核内,使嘧啶(内切核酸酶Ⅲ敏感部位)氧化,引起免疫细胞 DNA 损伤,进而引起免疫抑制。另外,自由基同样可使红细胞发生 DNA 损伤,引起继发性红细胞免疫机能下降,使机体处于免疫抑制状态。

第五,谷氨酰胺浓度降低的作用。谷氨酰胺是淋巴细胞和巨噬细胞的重要能源物质。运动中骨骼肌释放谷氨酰胺速率降低,血浆中谷氨酰胺浓度便降低,免疫细胞利用谷氨酰胺的速率下降,进而影响到免疫细胞的免疫功能。

第六,免疫白细胞影响机制。机体中的免疫白细胞除受神经内分泌激素调节外,还受到其他免疫白细胞的调节。如 T 细胞功能活性可以通过巨噬细胞激活,T 细胞又促进单核巨噬细胞产生其他细胞因子,再通过分泌 IL—1 来促进 TH 活化,TH 分泌的 IL—2 通过自分泌和旁分泌作用加强 T 细胞的转化。Tvede 等认为训练后 B 细胞的功能可能被单核巨噬细胞负调节,及单核巨噬细胞分泌的 PGE2 通过 Ts 细胞分泌 T 细胞抑制因子,继发影响 B 细胞功能。

第七,补体系统机制补体系统。作为机体非特异性免疫的因素之一,是以非活性状态存在,只有在被活化后才表现出生物活性。运动可导致补体的活化和补体成分的消耗,一般认为,短时间运动不会影响补体系统的功能,它所造成的不良后果可通过补体调控机制而避免。但是如果进行长时间运动,会加重补体系统的负担,使消耗的补体系统成分得不到有效补充,从而造成补体含量降低,随着补体成分大量消耗,机体免疫力也随之下降。

第八,营养补剂缺乏。大量营养免疫学的研究表明,营养素摄入不足会导致机体免疫功能的下降。如蛋白质摄入不足,而训练又加剧对蛋白质的需求,最终会导致免疫系统能量不足从而影响免疫机能。饮食脂肪成分和含量通过改变细胞膜脂成分影响免疫细胞的功能,尤其是饮食中多不饱和脂肪酸成分变化可以直接影响细胞膜磷脂中的 n6PUFA 和 n3PUFA 的比例。当 n6PUFA 比例升高时,可通过增加花生四烯酸合成,提高细胞内前列腺素,导致免疫细胞功能抑制;当 n3PUFA 比例升高时,则通过相反的机制提高免疫细胞功能。另外,体内维生素缺乏同样可影响免疫功能,如锌缺乏可使淋巴器官萎缩。此外,如果糖摄入不足,加上运动中糖被大量消耗将会使血糖浓度降低,血糖降低会加强下丘脑—垂体—肾上腺轴的激活程度,促进糖皮质激素的分泌。糖皮质激素是强烈的免疫抑制剂,会引起机体的免疫抑制。运动时血糖也是免疫细胞的重要能源物质。运动引起血糖浓度下降,会直接影响淋巴细胞和巨噬细胞等免疫细胞的能源供应,继而使免疫功能下降。

第九,心理应激机制。研究证明高水平的训练和比赛能产生心理和生理性应激,这可引起体内皮的松、肾上腺素、神经肽大量释放,通过 HPA 轴抑制免疫功能。

第十,运动影响红细胞。免疫红细胞免疫功能过去一直认为红细胞仅作为运输呼吸气体的工具,现已证实,红细胞具有识别、黏附、杀伤抗原、清除免疫复合物,而且参与机体免疫调控,其本身还存在有完整的自我调控系统,是完整机体免疫系统中的一个子系统。运动后 CR_1 活性升高原因可能在于:RBC 免疫促进因子(RFER)明显升高;RBC 免疫抑制因子(RFIR)明显降低;RFER/RFIR 比值明显升高;C_3 的降解产物激活了补体激活途径。血浆中 C_3 量的丰富为 C_3 降解产物对 C_3 降解过程的正反馈提供了可能,因而这一过程一旦激活,则可在激活部位产生显著的扩大效应。

三、运动性免疫力下降的营养原则

(一)蛋白质与能量

蛋白质的严重不足与能量摄入不足有关,人体蛋白质一热能营养不良可影响到各种免疫功能。对于蛋白、能量的补充,主要产品有蛋白粉、糖粉、氨基酸胶囊等。

(二)维生素和矿物质

有几种维生素对正常免疫功能很重要,脂溶性维生素 A、E 以及水溶性维生素叶酸、B_6、B_{12} 和维生素 C 的缺乏,可损害免疫功能并降低机体抵御感染的能力。已知一些矿物质如铁、锌、锰、硒、铜对免疫功能具有调节作用。

(三)补糖与免疫功能

运动中补糖,能够减少血浆中儿茶酚胺、促肾上腺皮质激素、生长激素、皮质醇和细胞因子的升高;因此,注意运动中的补糖,对于稳定免疫系统,可能有较为有效的作用。

(四)谷氨酰胺与支链氨基酸

免疫系统对谷氨酰胺利用率很高,谷氨酰胺是肌肉和血浆中最为丰富的氨基酸,为白细胞快速提供能量,同时是合成核苷的重要原料,可选用的有“强力恢复冲剂”和“安胶囊”等。

(五)能够提高免疫功能的中药

人参、灵芝、黄芪、紫河车、刺五加、地黄、白术、猪苓、肉桂、杜仲、何首乌等。

为了预防运动性免疫功能下降发生，平时要注意选择富含铁、锌、锰、硒等微量元素及维生素的食物；注意运动中糖的补充，能够有效抑制免疫抑制剂的分泌，稳定免疫系统。

第三节　运动员发生过度训练时的营养措施

运动员参加集训的主要目的是提高运动竞技能力，充分发挥运动潜能，争取最佳成绩。为了使运动能力达到最佳竞技水平，常常需要进行大量高强度的训练，因此运动员常常处于大运动量训练与过度训练的边缘。在训练过程中，很难找到训练与恢复之间的理想平衡点。安排什么程度的训练既可以使运动能力得到充分发挥又能在训练后尽快恢复，常常是教练和运动员所面临的挑战。训练与恢复之间的正确平衡非常重要。在像奥运会这样的国际大赛中，胜负之间的差别常常很小。甚至可能只有零点几秒的差距，便与金牌失之交臂，而屈居第二位。

有关取得最佳运动成绩的理想训练量的科学资料很少。有限的参考文献均显示，训练量与运动成绩的提高呈倒“U”字形，即理想的训练量产生理想的运动成绩，训练量不足或过度训练都不会创造最佳运动成绩。

然而，这个最佳训练量很难确定，稍微过一点就会出现过度训练表现。适当的营养，充分碳水化合物的摄入，可以促进恢复，因此在增加训练负荷，进行最佳运动能力训练的过程中具有不可低估的重要作用。

实际的适应决定恢复期的长短，因此恢复是训练过程中最重要的因素之一。许多运动员和教练员都非常重视训练，但却很少注意训练后的恢复。尽管对恢复了解得很少，但恢复所需要的时间不总是一样的，这取决于其他几个因素，如训练量(包括运动强度)、个体因素、营养等。研究表明，运动后即刻给予每千克体重1～2克碳水化合物，机体糖原合成会增加。碳水化合物还可以间接促进恢复过程中其他成分的恢复。摄入碳水化合物会刺激胰岛素分泌，从而刺激蛋白质合成，加速恢复和适应过程。

当由运动引起的内环境失调不能通过恢复而好转至正常时，运动员实际上是因训练过度而处于过度训练状态。为了取得最佳训练成绩，尽可能快地监测过量训练或恢复不完全，确实很重要。根据病理和所影响的器官系统，过度训练可以分为三种类型：①机械性训练过度（mechanical overtraining）；②代谢性训练过度或过分（metabolic overtraining or o-verreaching）；③过度训练综合征（overtraining syndrome）。

一、机械性过度训练

机械性负荷过量主要累及运动系统。运动与恢复之间的不平衡常常是局部的，通常表现为因机械使用过度而造成的损伤。有关营养对这些损伤作用的研究显示，钙的摄入量不足会增加骨骼应激性损伤的危险。另一类机械性训练过度是由于运动引起的肌肉损伤。肌肉损伤与炎症有关，常常发生在再生之前。有研究资料表明，维生素 E 摄入缺乏，可增加肌肉损伤的易感性。但摄入正常混合膳食的运动员不可能出现维生素 E 缺乏。因此，维生素 E 补剂对这些运动员由于运动引起的肌肉疼痛无保护作用。

二、代谢性过度训练

现在运动员进行训练都有大量的运动强度加强训练。高强度运动的能量来源主要是碳水化合物的供应，结果使体内的糖原储存很快耗竭。

当体内糖原水平很低时进行高强度运动，三磷酸腺苷（ATP）的分解和合成平衡失调，导致二磷酸腺苷（ADP）的堆积。为了恢复 ADP/ATP 比率，2 分子 ADP 合成 1 分子 ATF 和 1 分子磷酸腺苷（AMP），AMP 进一步分解为次黄嘌呤核苷酸（IMP），并释放出氨。IMP 最终降解为尿酸。

$$2ADP \rightarrow 1ATF + 1AMP \rightarrow IMP \rightarrow 尿酸\ NH_3$$

如果运动后的恢复时间不充足，导致富含能量的磷酸库衰减。因此，代谢性过度训练可能与训练过量有关。

研究表明，碳水化合物摄入不足易发生训练过度。因此，摄入充足的碳水化合物，快速恢复糖原储备，可以降低代谢性训练过度的发生率。运动后即刻摄入高碳水化合物可以在 24 小时内恢复糖原储备。然而，虽然碳水化合物摄入不足会增加代谢性训练过度的易感性，摄入高碳水化合物可降低代谢性训练过度的危险，但仍不能防止代谢性训练过度的发生。因此，除了合理营养，应特别注意充分休息并获得完全恢复。

三、过度训练综合征

当中枢神经系统不能承受更多的应激压力时，便会出现神经内分泌系统功能紊乱和行为改变。运动员的这种过度应激反应通常称为过度训练综合征。过度训练综合征的特点是，运动中过早出现疲劳、运动能力下降、心境烦躁、情绪不稳、缺少动力等。此外，过度训练综合征也与免疫功能下降有关。易感染常由谷氨酰胺代谢发生变化引起。高强度训练可引起血浆谷氨酰胺浓度下降。由于谷氨酰胺是免疫细胞发挥作用必不可少的成分，血浆谷氨酰胺降低可导致免疫功能下降。关于补充谷氨酰胺是否能降低过度训练的危险或减轻过度训练综合征的症状还需要进一步研究。

训练不是过度训练综合征的主要原因。应激压力超过神经器官所能承受的能力才是真正的原因。引起过度训练综合征的因素有频繁的比赛、过多的训练、感染疾病、过敏反应、精神压力、营养缺乏和时差。

营养缺乏主要是碳水化合物摄入量低。研究资料显示，即使是优秀运动员，其膳食中的碳水化合物含量也过低，脂肪含量过高。而支链氨基酸与芳香族氨基酸的比例通过营养干预可以恢复正常，但对运动能力和疲劳感没有影响。

过度训练可以分为两种，即交感神经型和副交感神经型。交感神经兴奋的特点是在休息状态下交感神经紧张增加，而副交感神经不仅在运动中而且在休息时都表现为紧张状态。交感神经型过度训练的特点是：休息心率加快、运动后恢复慢、食欲差、体重减轻、精神不稳、心情烦躁、易激惹、休息状态下的血压升高、收缩压和舒张压均升高、睡眠不好、入睡难、醒得早等。副交感神经型过度训练的主要特点是：休息心率正常或减慢、运动心率相对低、运动后心率恢复快、运动中低血糖、食欲好、睡眠正常、嗜睡、忧郁、休息血压低、亚极限或极限强度运动中血乳酸低(乳酸矛盾)等。

交感神经型过度训练综合征多发生在集体运动项目和冲刺项目,而副交感神经型常常出现在耐力运动员身上。副交感神经型过度训练综合征的特点常常误导运动员和教练员认为健康状况良好。尽管两种形式的过度训练综合征的病理、生理机制尚不清楚,但却反映了过度训练综合征的不同阶段。过度训练综合征的早期阶段是交感神经型,表现为交感神经系统持续兴奋,进一步发展为交感神经兴奋抑制,副交感神经兴奋增加并占主导地位。所以副交感神经型过度训练综合征会出现运动中低血乳酸,这是因为交感神经介导糖代谢的调节。

四、过度训练的监测和预防措施

行为特征的改变好像是出现过度训练的第一个信号,因此应用情绪状态水平(POMS)有助于过度训练的测试。POMS 水平是世界通用的测试情绪、紧张、忧郁、愤怒、精力、疲劳和精神错乱的方法。通过应用 POMS 水平监测情绪状况,可以早期发现过度训练。此外,运动员可以填写自己设计的看起来很相似的图形问卷,其中包括有关疲劳、恢复、动力、激惹和睡眠的问题。

最近的研究显示,训练强度与恢复之间能达到平衡的训练计划可以使血浆谷氨酰胺浓度增加,而不平衡计划则降低血浆谷氨酰胺。因此,通过检测运动训练过程中血浆谷氨酰胺浓度,有助于监测过度训练的早期变化。但有关用于检测过度训练的具体操作方法和明确的实用指南还需要进一步研究。

由于过度训练的诊断很难,预防过度训练的发生尤为重要。因此建议:

首先,制定灵活、易于平衡的训练计划的课程,可根据个人特点随时进行调整。

其次,定期进行现场或实验室运动能力测试。

再次,加强合理营养,平衡膳食,供给丰富的碳水化合物以满足代谢需要(日常训练每千克体重 4~8 克,大运动量训练增加到 10 克),同时提供足够的其他营养素。

最后，让运动员坚持记录训练日志，记录休息心率和体重。

五、过度训练的治疗

当疲劳频繁出现而又没有其他症状时，很可能是过度训练综合征或代谢性过度训练。这时，应当调整训练计划，主要是减少训练量。

减少训练量是出现过度训练时应当采取的最重要措施。重点是充分休息、恢复与摄入含有丰富碳水化合物和微量元素、维生素以及其他营养素充足的膳食。代谢性过度训练通常在几天内即可恢复，机械性过度训练和过度训练综合征常常需要一周或几周的时间才能完全恢复。应当先找出导致过度训练的原因，有时需要进行心理咨询。目前，还没有针对过度训练的特效药物和治疗方法。合理营养确实很重要，但没有证据证明特别的营养补剂可以帮助治疗过度训练或促进恢复。

参考文献

[1]蒲承玺.营养学在体育运动中的应用研究[M].成都:电子科学技术大学出版社.2020.

[2]张钧,张蕴琨.全国普通高等学校体育专业教材 新文科科学健身系列运动营养学 第3版[M].北京:高等教育出版社.2022.

[3]钟贞奇.大学生体育健康与体育运动[M].长春:吉林人民出版社.2021.

[4]胡红梅.运动营养与健康[M].广州:华南理工大学出版社.2021.

[5]梁兰兰,卞华伟.运动营养与实践[M].成都:四川大学出版社.2018.

[6]丁霞.大学生体育锻炼与户外运动[M].长春:吉林人民出版社.2021.

[7]蒲承玺.营养学在体育运动中的应用研究[M].成都:电子科学技术大学出版社.2020.

[8]陈维新,周书静,楼迤迪.体育运动中的化学[M].上海:上海教育出版社.2020.

[9]张世榕.大学体育[M].北京:北京理工大学出版社.2020.

[10]文雄.大学体育与健康教程[M].重庆:重庆大学出版社.2020.

[11]徐勇灵,慕容嘉颖.成人科学运动指导手册[M].广州:华南理工大学出版社.2020.

[12]王磊.高职体育健康教程[M].成都:电子科技大学出版社.2020.

[13]秦虎.高职体育教程 第5版[M].重庆:重庆大学出版社.2020.

[14]贾明涛,刘凯,李翎.新编大学体育与健康[M].重庆:重庆大学出版社.2020.

[15]蔡立柱,孙海涛.体育与健康(职教版)第1册[M].成都:电子科技大学出版社.2020.

[16]张帅奇，苏雯，权华. 大学生体育锻炼与心理健康问题研究[M]. 长春:吉林人民出版社. 2020.
[17]宋金豹，都昊. 体育运动与营养摄入对身体健康关系的影响[J]. 食品安全导刊. 2022,(12):100—102.
[18]霍雅君. 高校大学生的体育运动和营养配餐结合策略探析[J]. 食品安全导刊. 2021,(28):103—104.
[19]胡飞，赵晓光. 体育运动与营养补剂对老年性骨骼肌减少症的干预[J]. 中国老年学杂志. 2023,43(6):1524—1530.
[20]巩宏娟. 体育运动与营养搭配对提升学生免疫力的影响[J]. 文体用品与科技. 2019,(17):235—236.
[21]巩宏娟. 探究体育运动与营养搭配对提升学生免疫力的影响[J]. 体育风尚. 2021,(11):7—9.
[22]张茜，张艳青. 学生参加体育运动的营养需求及供给[J]. 食品安全导刊. 2019,(33):50—51.
[23]田福军. 养生中的体育运动与营养饮食[J]. 现代食品. 2016,(18).
[24]张达成. 养生中的体育运动与营养饮食[J]. 现代食品. 2015,(23):38—40.
[25]周娟. 体育运动与营养相互关系之试分析研究[J]. 食品与发酵科技. 2019,55(6):74—77.
[26]乔泽波. 体育运动与营养和健康的关系研究[J]. 食品研究与开发. 2020,41(2):2.
[27]田锡祥，肖燕玲. 体育运动与营养摄入及身体健康关系研究[J]. 食品研究与开发. 2020,41(3):2.
[28]刘俊民. 体育运动与营养摄入及身体健康关系研究[J]. 食品研究与开发. 2020,41(2):225.